오늘부터
초등
지식왕
2

공부 머리가 커지는 100가지 최신 신문 기사

오늘부터 초등 지식왕 2

초판 1쇄 발행 2024년 12월 31일

지은이 최선민
펴낸이 김선식, 이주화

콘텐츠 개발팀 이동현, 임지연
콘텐츠 마케팅팀 안주희
책임편집 김계옥 **디자인** 조수정

펴낸곳 ㈜클랩북스 **출판등록** 2022년 5월 12일 제2022-000129호
주소 서울시 마포구 어울마당로3길 5, 201호
전화 02-332-5246 **팩스** 0504-255-5246
이메일 clab22@clabbooks.com
인스타그램 instagram.com/clabbooks
페이스북 facebook.com/clabbooks

ISBN 979-11-93941-25-6 74700
      979-11-93941-11-9 (세트)

㈜클랩북스는 독자 여러분의 책에 관한 아이디어와 원고 투고를 기다리고 있습니다.
책 출간을 원하시는 분은 이메일 clab22@clabbooks.com으로 간단한 개요와 취지, 연락처 등을 보내주세요.
'지혜가 되는 이야기의 시작, 클랩북스'와 함께 꿈을 이루세요.

공부 머리가 커지는 100가지 최신 신문 기사

오늘부터 초등 지식왕

2

최선민 지음

**초등 교과 연계 과목별
필수 키워드 총망라**

또래보다 앞선 문해력, 사고력, 논술력을
길러 주는 책!

클랩북스

차례

중급편

이 책의 구성과 특징

이 책은 초등학생이라면 학교 수업 중에 들어 봤던 단어와 문장으로 재구성한 신문 기사입니다. 각 기사를 주제별로 구분하지 않은 이유는, 아이들이 스스로 기사의 카테고리를 구분해 보고 능동적으로 신문 읽기를 바랐기 때문입니다. 이 책이 아이들의 지식과 상식을 높여 주기를 바랍니다.

다양한 주제의 기사는 아이들이 객관적으로 세상을 바라볼 수 있게끔 비판적 사고와 수용적 태도를 길러 줍니다.

<단어 깊이 알아보기>는 '초등 교과과정별 필수 단어'의 활용을 통해 단어의 뜻을 확실하게 이해할 수 있도록 도와줍니다.

<기사 깊이 알아보기>는 기사를 읽고 자신의 생각을 풀어 볼 수 있도록 유도하는 질문으로 구성합니다.

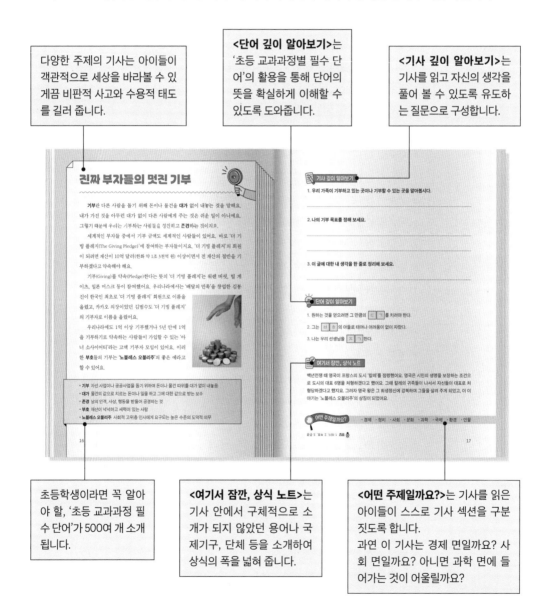

초등학생이라면 꼭 알아야 할, '초등 교과과정 필수 단어'가 500여 개 소개됩니다.

<여기서 잠깐, 상식 노트>는 기사 안에서 구체적으로 소개가 되지 않았던 용어나 국제기구, 단체 등을 소개하여 상식의 폭을 넓혀 줍니다.

<어떤 주제일까요?>는 기사를 읽은 아이들이 스스로 기사 섹션을 구분 짓도록 합니다.
과연 이 기사는 경제 면일까요? 사회 면일까요? 아니면 과학 면에 들어가는 것이 어울릴까요?

각각의 신문 기사는 학년별 교과와 연계하여 소개합니다.
쑥쑥 자라는 지식의 양만큼 학교 공부가 수월해질 거예요!

부록 1. 기사별 초등 교과과정

학년 구분	소제목	과목 구분
1학년	파리 패럴림픽, 감동의 레이스	1-2 국어 8. 감동을 나누어요
	읽는 건 멋진 거예요	1-2 국어 5. 생각을 키워요
	어린이 실수로 3천 500년 된 항아리가 와장창!	1-2 국어 5. 생각을 키워요
	모여서 달리기하러 마세요!	1-2 국어 7. 무엇이 중요할까요?
	진짜 부자들의 멋진 기부	1-2 국어 8. 느끼고 표현해요
2학년	똑똑한 까마귀, 숫자도 셀 수 있어요	2-1 국어 6. 여린 일을 나타내요
	코알라 포옹을 금지합니다	2-1 국어 6. 자신의 생각을 표현해요
	전국은 지금 하루촌 열풍	2-1 국어 8. 다양한 작품을 감상해요
	나이는 숫자일 뿐, 102세 할머니의 도전	2-2 국어 1. 장면을 상상하며
	싱크홀이 위험해요!	2-2 국어 1. 장면을 상상하며
	냉방온돌고래 '홍남이'의 구조 작전!	2-2 국어 8. 재료를 전해요
	AI의 미래 우승자는?	2-2 국어 8. 재료를 전해요
	세련된, 유네스코에서 청년들의 꿈을 응원하다	2-2 국어 7. 내 생각은 이래요
3학년	독립운동가에게 선물한 밝은 미소	3-1 국어 4. 내 마음을 편지에 담아
	AI가 선물한 특별한 추석 선물	3-1 국어 4. 내 마음을 편지에 담아
	2년 만에 열린 올림픽 피겨 시상식	3-1 국어 6. 일이 일어난 까닭
	음식서은 푸른 생의 마당	3-1 국어 6. 일이 일어난 까닭
	물을 비방없은 우리 문화야!	3-1 사회 1. 우리가 알아보는 고장 이야기
	도로의 무법자 킥라니를 조심하세요	3-1 사회 3. 교통과 통신 수단의 변화
	국내 최초 자율 주행 택시 운행 시작!	3-1 사회 3. 교통과 통신 수단의 변화
	이제 로켓도 재활용 시대	3-1 사회 3. 교통과 통신 수단의 변화
	물빛이 좋은 게 아니었어? 날빛에서 물빛에 모이는 이유	3-1 과학 1. 과학자는 어떻게 탐구할까요?
	레고 블록, 이젠 친환경 플라스틱으로 만들어요	3-1 과학 3. 물질의 성질
	양서류도 엄마 젖을 먹는다고?	3-1 과학 3. 동물의 한살이
	백설공주의 인어공주, 피부색 논란!	3-2 과학 1. 재료를 보고 느낌을 나누어요
	프로야구, 역대 최다 관중!	3-2 과학 5. 자신의 경험을 글로 써요
4학년	역사 속으로 사라지는 보신탕 문화	3-2 사회 1. 환경에 따라 다른 삶의 모습
	초저출산 시대, 대한민국이 앙탈 수도 있다고?	3-2 사회 2. 시대마다 다른 삶의 모습
	행거처럼 엄마 품에 있는 청년들	3-2 사회 3. 가족의 형태와 역할 변화
	제 꿈은 반려동물에게 줄게요	3-2 사회 3. 가족의 형태와 역할 변화
	암탉도 화가 나면 얼굴이 빨개져요!	3-2 과학 2. 동물의 생활
	한혈하는 감아지, 공항견을 아시나요?	3-2 과학 2. 동물의 생활
	태국 동물원의 인기 스타, 아기 하마 무뎁	3-2 과학 2. 동물의 생활
	고대 문화의 중심지가 예배 잠기고 있어요!	4-1 국어 8. 이번 제안 어때요
	윌세가 4억이라고?	4-1 사회 1. 지역의 위치와 특성
	달 크레이터의 이름이 남빵철이라고요?	4-1 사회 2. 우리가 알아보는 지역의 역사
	한 달 만에 동고친 친구를 위한 암막 파티!	4-2 국어 2. 마음을 전하는 글을 써요
	얼굴 없는 거리의 화가, 뱅크시는 누구?	4-2 국어 8. 생각이 가득
	가짜 사진에 속은 트럼프	4-2 국어 8. 생각하며 읽어요
	음식물 쓰레기 재활용, 대한민국을 본받으라고요!	4-2 사회 1. 촌락의 도시의 생활 모습
	해녀를 지키는 법을 만들어요	4-2 사회 1. 촌락의 도시의 생활 모습
	키올두루 손목, 한우 농가를 구해 주세요!	4-2 사회 2. 필요한 것의 생산과 교환
	높아지는 김치의 인기	4-2 사회 2. 필요한 것의 생산과 교환
	물가 인상 특별 대책 시금 4000억 4번 들어 풀려요	4-2 사회 2. 필요한 것의 생산과 교환
	늘어나는 액세, 힘들어지는 때에 기사	4-2 사회 2. 필요한 것의 생산과 교환
	다이아몬드, 실험실에서 만들어요	4-2 사회 2. 필요한 것의 생산과 교환
	비트코인 덕분에 당신도 대통령이 있다고요?	4-2 사회 3. 사회 변화와 문화의 다양성
	민간인이 첫 우주유영에 성공했어요!	4-2 사회 3. 사회 변화와 문화의 다양성

일러두기

* 이 책의 기사는 2024년도 신문 기사와 텔레비전 영상 뉴스를 토대로 재구성했습니다.

* 이 책에 소개된 단어의 뜻풀이를 비롯하여 외래어, 지명, 연도는 국립국어원의 표준국어대사전을 참고하였습니다.

* 이 책에 삽입된 사진은 무료 사진 사이트를 통해 제공받았습니다.

"왜 신문 교육을
시작하게 되셨나요?"

　　교사이자 신문 교육 강사로 활동하고 있는 저는 인터뷰를 할 때 이러한 질문을 종종 받습니다. 많은 교육 콘텐츠 중에 하필이면 왜 '신문'이라는 매체를 선택하게 되었는지 궁금해하는 것입니다.

　　제가 신문에 관심을 갖게 된 것은 초등학교 4학년 때로 거슬러 올라갑니다. 당시 제 담임 선생님께서는 '시사 일기'라는 이름으로 신문을 읽고 일기를 써 오라고 하셨습니다. 당시 아빠께서 읽으시는 신문을 뒤적이며 홍콩이 영국에서 중국으로 반환되었던 일기를 썼던 기억이 선명합니다. 당시 저는 세계사에 대한 지식이 전무했고, 기사 내용을 정확히 이해하지는 못했던 것 같습니다. 하지만 그 짧은 기사 덕분에 중학교에 가서 세계사에서 '아편전쟁'과 관련된 역사를 재미있게 배울 수 있었습니다.

　　워낙 시골에서 자라 고등학교 졸업할 때까지 입시 학원이나 논술 학원은 근처에도 가 보지 못했지만 4학년부터 습관적으로 뒤적거리던 신문은 제가 학교 공부를 하고, 논술 시험을 보는 데 큰 도움이 되었습니다. 이러한 기억을 가지고 교사가 된 저는 아이들과 '시사 일기'를 쓰기 시작했습니다. 그렇게 개인적인 추억에서 시작했던 '시사 일기'가 점차 교실 안팎의 신문 교육으로 발전해 온 것입니다.

그 과정에서 신문 기사를 통해 학교에서 배운 지식과 세상 이야기의 접점을 발견하는 아이들을 보며 신문 교육에 대한 확신을 가질 수 있었습니다. 그래서 더 많은 아이들이 신문을 읽었으면 좋겠다는 생각으로 강의와 집필을 시작하게 되었습니다.

사려 깊은 눈으로 저의 오랜 고민과 신문 읽기의 힘을 알아봐 주신 독자님들 덕분에, 지난해 출간한 『오늘부터 초등 지식왕』은 정말 많은 사랑을 받았습니다. 교보문고, 예스24, 알라딘 등 온라인 서점에서 모두 베스트셀러에 올랐고, 어린이 책은 단 30권이 선정되는 교보문고 상반기 종합 베스트셀러에 오르는 영광을 안기도 했습니다. 이 자리를 빌려 깊은 감사의 마음을 전합니다.

이후 어린이 신문 관련 책들이 시중에 쏟아지는 모습을 보면서 제가 해 왔던 교육 방식이 많은 분들에게 인정받는 기분이 들어 기분이 참 좋았습니다. 신문 읽기가 중요하다는 생각이 저만의 우직한 고집이 아니었음을 확인받은 것 같았기 때문입니다. 앞으로도 신문 읽는 어린이들이 더 많아지고, 신문 읽기가 초등 어린이들의 필수 교양이 되기를 바랍니다.

많은 신문 책 중에서도 교과 연계를 내실 있게 다루고 있는 『오늘부터 초등 지식왕』을 좋게 봐 주시고, 2권이 꼭 나왔으면 좋겠다는 독자님들의 따뜻한 후기 덕분에 새로운 기사들로 『오늘부터 초등 지식왕 2』를 출간하게 되었습니다. 이번 책도 기존 책과 같이 교과 연계와 배경지식 확장에 주안점을 두었습니다. 이 책에 수록된 기사들을 읽으며 학교에서 배운 지식과 일상의 지식들이 씨실과 날실처럼 교차하면서 엮어지는 기쁨을 느낄 수 있길 바랍니다. 또한 어릴 적에 읽고 썼던 시사 일기 한편이 한 시골 초등학생의 마음에 씨앗이 되었듯, 이 책이 어린이 독자 여러분이 마음에 소중한 씨앗이 되길 바랍니다.

최선민(자몽쌤)

입문편

입문편에서는 쉬운 기사 읽기를 통해 신문 읽기와 친해질 수
있어요. 신문 읽기와 첫 만남인 만큼 흥미와 재미를 갖고
읽는 것이 가장 중요해요. 기사에 나타난 육하원칙(누가,
언제, 어디서, 무엇을, 어떻게, 왜)을 생각하며 어떤
주제에 대한 글인지 생각하며 읽어 보세요.

읽는 건 멋진 거예요

　　최근 젊은 사람들 사이에서 텍스트힙(Text Hip)이라는 새로운 유행이 생겼어요. 이 말은 '텍스트'라는 단어와 '힙하다'는 말을 합쳐서 만들었어요. 쉽게 말해, 책을 읽는 것이 멋지고 **트렌디**하다는 뜻이에요. 이러한 변화의 배경에는 성인들의 낮은 **독서율**이 영향을 미쳤어요.

　　최근 문화체육관광부 조사에 따르면, 우리나라 성인 중 절반 이상이 1년에 책 한 권도 읽지 않는다고 해요. 종이책을 읽는 성인은 평균 1년에 1.7권 정도밖에 읽지 않는다고 하지요. 이러한 상황 속에서 젊은 층, 특히 20대는 책을 읽고 그 내용을 다른 사람들과 공유하는 활동을 '힙'한 일로 여기고 있어요. 책을 읽는 사람이 적어지면서 오히려 책을 읽는 소수가 멋있다고 여겨지는 거예요.

　　SNS(누리소통망)에서는 '책'과 '인스타그램'의 합성어인 '북스타그램'이라는 **해시태그**를 사용해 책을 읽는 모습을 자랑하는 게 유행하고 있어요. 예를 들어, 누군가가 책을 읽고 **감명** 깊은 구절이 있으면 그 부분을 사진으로 찍어 인스타그램에 올리고, 이를 본 친구들이 댓글로 반응을 하면서 서로 책에 대한 이야기를 나누는 거죠. 이렇게 책을 읽고 인증하는 것이 하나의 놀이 문화로 자리 잡았어요. 책을 읽고 독서 모임에 참여하는 활동도 인기를 끌고 있어요. 이것은 한국만의 현상이 아니에요. 영국의 신문에서도 영국의 젊은 세대가 다시 종이책을 찾고 있다고 보도했어요. 책을 읽는 것은 이제 단순한 취미를 넘어 트렌디한 문화가 되고 있어요.

- **트렌디** 최신 유행에 맞거나 세련된, 일반적으로 사람들이 좋아하고 따르는 스타일이나 경향
- **독서율** 사람들이 얼마나 책을 읽는지를 나타내는 비율로, 독서 활동의 정도를 보여 줌
- **해시태그** 소셜 미디어에서 특정 주제나 내용을 분류하고 검색하기 위해 사용되는 단어 앞에 '#' 기호를 붙인 것
- **감명** 어떤 것에 깊은 인상이나 감정을 느끼는 것

1. 책을 읽는 것이 멋지다고 여겨지는 이유는 무엇인가요?

---

2. 내가 추천하고 싶은 책 한 권을 골라 소개하는 글을 써 보세요.

---

3. 이 글에 대한 내 생각을 한 줄로 정리해 보세요.

---

1. 나는 패션에 관심이 많아서 ㅌ ㄹ ㄷ 한 옷을 즐겨 입는다.

2. 친구 간의 우정을 그린 소설책이 정말 ㄱ ㅁ 깊었다.

3. 요즘 20대들은 SNS에 올라온 ㅎ ㅅ ㅌ ㄱ 를 통해 정보를 얻는다.

SNS의 인증 문화

인증이란 '어떤 행위나 문서가 정당한 절차로 이루어 졌다는 것을 증명함'이라는 뜻이지만, 자신이 경험한 일을 사진 찍어 SNS에 올린다는 뜻으로도 쓰여요. 운동을 하거나, 유명한 장소에 방문한 것을 기록으로 남기는 '인증 샷' 문화도 있어요.

어떤 주제일까요?   • 경제 • 정치 • 사회 • 문화 • 과학 • 국제 • 환경 • 인물

정답 1. 트렌디, 2. 감명, 3. 해시태그

15

진짜 부자들의 멋진 기부

기부란 다른 사람을 돕기 위해 돈이나 물건을 **대가** 없이 내놓는 것을 말해요. 내가 가진 것을 아무런 대가 없이 다른 사람에게 주는 것은 쉬운 일이 아니에요. 그렇기 때문에 우리는 기부하는 사람들을 칭찬하고 **존경**하는 것이지요.

세계적인 부자들 중에서 기부 금액도 세계적인 사람들이 있어요. 바로 '더 기빙 플레지(The Giving Pledge)'에 참여하는 부자들이지요. '더 기빙 플레지'의 회원이 되려면 재산이 10억 달러(한화 약 1조 3천억 원) 이상이면서 전 재산의 절반을 기부하겠다고 약속해야 해요.

기부(Giving)를 약속(Pledge)한다는 뜻의 '더 기빙 플레지'는 워렌 버핏, 빌 게이츠, 일론 머스크 등이 참여했어요. 우리나라에서는 '배달의 민족'을 창업한 김봉진이 한국인 최초로 '더 기빙 플레지' 회원으로 이름을 올렸고, 카카오 의장이었던 김범수도 '더 기빙 플레지'의 기부자로 이름을 올렸어요.

우리나라에도 1억 이상 기부했거나 5년 안에 1억을 기부하기로 약속하는 사람들이 가입할 수 있는 '아너 소사이어티'라는 고액 기부자 모임이 있어요. 이러한 **부호**들의 기부는 '**노블레스 오블리주**'의 좋은 예라고 할 수 있어요.

- **기부** 자선 사업이나 공공사업을 돕기 위하여 돈이나 물건 따위를 대가 없이 내놓음
- **대가** 물건의 값으로 치르는 돈이나 일을 하고 그에 대한 값으로 받는 보수
- **존경** 남의 인격, 사상, 행동을 받들어 공경하는 것
- **부호** 재산이 넉넉하고 세력이 있는 사람
- **노블레스 오블리주** 사회적 고위층 인사에게 요구되는 높은 수준의 도덕적 의무

📝 기사 깊이 알아보기

1. 우리 가족이 기부하고 있는 곳이나 기부할 수 있는 곳을 알아봅시다.

---

2. 나의 기부 목표를 정해 보세요.

---

3. 이 글에 대한 내 생각을 한 줄로 정리해 보세요.

💡 단어 깊이 알아보기

1. 원하는 것을 얻으려면 그 만큼의 ㄷ ㄱ 를 치러야 한다.

2. 그는 ㅂ ㅎ 의 아들로 태어나 어려움이 없이 자랐다.

3. 나는 우리 선생님을 ㅈ ㄱ 한다.

✔ 여기서 잠깐, 상식 노트

백년전쟁 때 영국이 프랑스의 도시 '칼레'를 점령했어요. 영국은 시민의 생명을 보장하는 조건으로 도시의 대표 6명을 처형하겠다고 했어요. 그때 칼레의 귀족들이 나서서 자신들이 대표로 처형당하겠다고 했지요. 그러자 영국 왕은 그 희생정신에 감복하여 그들을 살려 주게 되었고, 이 이야기는 '노블레스 오블리주'의 상징이 되었어요.

어떤 주제일까요? · 경제 · 정치 · 사회 · 문화 · 과학 · 국제 · 환경 · 인물

정답 🌡 1. 대가, 2. 부호, 3. 존경

모여서 달리기하지 마세요!

　건강에 대한 관심이 높아지면서 수십 명이 함께 달리는 러닝 크루(달리기 모임)가 20~30대 사이에서 유행되고 있어요. 러닝 크루는 달리기를 의미하는 러닝(running)에 선원, 승무원을 의미하는 크루(crew)가 합쳐진 용어예요. 달리기라는 공통된 취미로 함께 모인 집단을 뜻하지요. 이러한 러닝 크루 문화는 SNS를 활발히 사용하는 20~30대를 중심으로 만들어진 운동 문화예요.

　러닝 크루에 속한 사람들은 함께 달리기를 하고 사진을 인증하면서 **친목**을 다져요. 하지만 일각에서는 이렇게 많은 사람들이 함께 달리기를 하는 것이 민폐라는 비판이 제기되고 있어요. 러닝 크루들이 달리기 트랙을 단체로 **점령**하다시피 하는 바람에 일반 이용자들에게 피해를 준다는 것이지요. 달리는 도중 함성을 지르거나 인도나 횡단보도를 차지하고, 단체 사진 촬영으로 통행을 방해하는 경우도 있다고 해요.

　이러한 일들이 잦아지자 러닝 크루를 **단속**해 달라는 민원이 급증했어요. 이에 따라 일부 지자체에서는 러닝 크루를 위한 규제를 마련했어요. 서초구에서는 반포종합운동장에서 5명 이상 단체 달리기를 제한하는 '러닝 트랙 이용 규칙'을 시행했지요. 5명 이상 달리기를 하려면 인원 간 간격을 2미터 이상 유지해야 한다는 내용이에요. 송파구 석촌호수에도 3명 이상 달리기를 제한하는 현수막이 걸렸어요. 하지만 일부 러닝 크루 회원들은 지자체가 함께 운동하는 건전한 문화를 위한 노력은 하지 않고 **제재**에만 급급하다고 불만을 토로하고 있어요.

- **친목** 서로 맺은 관계가 친밀하여 잘 어우러지고 정다움
- **점령** 무력이나 조직된 힘을 동원하여 일정한 지역을 차지함
- **단속** 규칙, 법령, 명령 등을 어기지 않게 통제함
- **제재** 국가가 법규를 어긴 사람에게 처벌이나 금지를 행함

기사 깊이 알아보기

1. 러닝 크루의 인원 제한 규정이 생긴 이유는 무엇인가요?

----

2. 공공장소에서 지켜야 할 규칙을 써 보세요.

----

3. 이 글에 대한 내 생각을 한 줄로 정리해 보세요.

단어 깊이 알아보기

1. 이번 등산을 통해 마을 사람들과 ㅊ ㅁ 을 다질 수 있었다.

2. 시위대는 시청을 ㅈ ㄹ 한 채 시위를 계속했다.

3. 아파트 앞에서 경찰들이 음주 ㄷ ㅅ 을 하고 있다.

4. 운동장에 외부인이 들어오는 것을 ㅈ ㅈ 하기로 했다.

어떤 주제일까요? · 경제 · 정치 · 사회 · 문화 · 과학 · 국제 · 환경 · 인물

정답 1. 친목, 2. 점령, 3. 단속, 4. 제재

19

어린이 실수로 3천 500년 된 항아리가 와장창!

이스라엘 한 박물관에서 3천 500년 된 항아리가 4세 아이의 실수로 깨지는 사건이 발생했어요. 이 항아리는 기원전 2200~1500년 사이에 제작된 청동기 시대의 항아리예요. 파손된 항아리는 보호 유리 등의 장치가 없이 박물관 입구 근처에 전시되어 있었어요. 그런데 박물관을 방문한 아이가 항아리 안에 무엇이 들어 있는지 궁금해 항아리를 잡아당기면서 항아리가 균형을 잃고 떨어져 깨지게 되었지요.

통상적으로 박물관에 전시된 물건을 함부로 만지다 **파손**된 경우 박물관은 관람객에게 책임을 물을 수 있어요. 하지만 박물관 측은 어린 아이의 호기심이 불러온 실수라는 점을 **감안**해 너그럽게 아이를 용서하기로 했어요. 또한 항아리 파손으로 많이 놀랐을 아이를 위해 파손 사고를 낸 어린이와 가족을 다시 박물관으로 초청해 편히 관람할 수 있게 배려해 주었어요.

아이의 아버지는 **관용**의 **미덕**을 보여 준 박물관 측에 거듭 감사와 사과의 뜻을 전했어요. 귀한 유물을 망가뜨렸음에도 아이의 실수를 따뜻하게 품어 준 박물관의 대응에 많은 사람들이 감동을 받았어요. 깨진 항아리는 전문가들의 **복원** 작업을 거쳐 다시 박물관에 전시될 예정이에요. 이번 사고에도 불구하고 박물관은 관람객이 유리 벽 없이 유물을 직접 볼 수 있게 하는 방침을 유지하겠다고 밝혔어요.

- **파손** 물건을 깨뜨려 못 쓰게 만듦
- **감안하다** 고려하여 생각하다
- **관용** 남의 잘못 따위를 너그럽게 받아들이거나 용서함
- **미덕** 아름답고 갸룩한 덕행
- **복원** 사물을 원래의 상태로 되돌림

기사 깊이 알아보기

1. 박물관에서 지켜야 할 예절을 세 가지 이상 써 보세요.

....

....

....

2. 유리 벽이 없다면 유물을 더 가까이 볼 수 있다는 장점이 있지만 소중한 유물이 이번처럼 훼손될 수도 있어요. 박물관 유리 벽 설치에 대한 내 생각을 써 보세요.

....

....

....

단어 깊이 알아보기

다음 단어에 대한 뜻풀이를 찾아 바르게 선으로 이어 보세요.

1. 파손 •　　　　　　• ① 아름답고 갸륵한 덕행

2. 관용 •　　　　　　• ② 사물을 원래의 상태로 되돌림

3. 미덕 •　　　　　　• ③ 물건을 깨뜨려 못 쓰게 만듦

4. 복원 •　　　　　　• ④ 남의 잘못 따위를 너그럽게 받아들이거나 용서함

　　　　　　•경제　•정치　•사회　•문화　•과학　•국제　•환경　•인물

파리 패럴림픽, 감동의 레이스

　패럴림픽이란 신체적 장애가 있는 선수들이 참가하는 국제 스포츠 대회예요. 하계 올림픽, 동계 올림픽을 개최한 도시에서 열려요. 2024년 파리 올림픽이 끝난 후에 패럴림픽이 **연달아** 개최되었어요. 이번 패럴림픽에 우리나라 선수 83명도 출전했어요. 패럴림픽 트라이애슬론 국가대표 김황태 선수의 완주가 많은 사람들에게 감동을 주었어요.

　트라이애슬론은 수영, 사이클, 달리기를 연달아 진행하는 경기로 흔히 철인 3종 경기라고 불러요. 수영 750미터와 사이클 20킬로미터, 육상 5킬로미터 기록을 **합산**해 최종 순위를 정하지요. 세 가지 모두 엄청난 체력을 요구해서 가장 힘들고 **고된** 종목 중 하나로 알려져 있어요.

　김황태 선수는 23세에 고압선 기사로 일하다가 감전 사고로 두 팔을 잃었어요. 하루아침에 **중증 장애인**이 되었지만 김황태 선수는 좌절하지 않고 꾸준히 운동을 했어요. 마라톤과 노르딕 스키, 태권도 등 다양한 종목을 거쳐 이번 패럴림픽에는 트라이애슬론 국가대표로 선발되었지요. 트라이애슬론 경기는 양 팔이 없으면 하기 어려운 종목인데도 김황태 선수는 **완주**를 해냈어요. 수영에서 격차가 벌어진 탓에 10위로 들어왔지만 순위는 중요한 것이 아니었어요. 김황태 선수는 완주 후 인터뷰에서 "다른 장애인들도 좌절하지 말고 세상 밖으로 나오기 바란다."라고 전했어요.

- **연달아** 어떤 사건이나 행동 따위가 이어 발생하다
- **합산** 더해서 계산하는 것
- **고된** 하는 일이 힘에 겨워 고단하다
- **중증 장애인** 일상생활 및 사회생활이 불편할 정도로 장애가 매우 심한 사람
- **완주** 목표한 지점까지 달리는 것

 **기사 깊이 알아보기**

1. 트라이애슬론이란 어떤 경기인가요?

....

....

2. 패럴림픽 선수들에게 우리가 본받아야 할 점은 무엇인지 써 보세요.

....

....

3. 이 글에 대한 내 생각을 한 줄로 정리해 보세요.

....

단어 깊이 알아보기

뜻이 비슷하거나 같은 단어를 보기에서 찾아보세요.

보기	고된	완주	연달아	합산

1. 계속해서 - (   )

2. 괴로운   - (   )

3. 합계   - (   )

4. 마무리   - (   )

 **어떤 주제일까요?**   · 경제 · 정치 · 사회 · 문화 · 과학 · 국제 · 환경 · 인물

정답 1. 연달아, 2. 고된, 3. 합산, 4. 완주

전국은 지금 하츄핑 열풍

　국내 제작진이 만든 애니메이션 「사랑의 하츄핑」이 큰 인기를 끌고 있어요. 「사랑의 하츄핑」은 TV 인기 애니메이션 「캐치! 티니핑」 시리즈의 극장 판으로 **누적** 관객 120만 명을 돌파하며 역대 한국 애니매이션 흥행 2위에 올랐어요. 이는 2013년 93만 명의 누적 관객을 기록한 뽀로로 극장 판도 넘어선 기록이지요. 뽀로로는 어린아이들만 주로 봤지만 「사랑의 하츄핑」은 유치원생부터 초등학교 6학년 학생까지 폭넓은 연령대에서 사랑받고 있어요. 성인도 공감할 만한 주제를 다루기 때문에 「사랑의 하츄핑」을 보고 SNS에 인증하는 20~30대 관객도 있어요.

　「사랑의 하츄핑」의 원작 「캐치! 티니핑」은 이모션 왕국의 공주 로미가 지구로 흩어진 마음의 요정인 '티니핑'을 잡는(캐치) 것이 주된 내용이에요. 이야기 속에 등장하는 캐릭터만 90여 명인데 등장 인물이 많은 만큼 관련된 인형이나 장난감도 종류가 매우 다양해요. 그래서 아이들에게 사 줘야 할 굿즈가 너무 많다며 부모님  들 사이에서는 '**파산**핑'이라는 별명이 붙기도 했어요. 하츄핑의 인기가 높아지면서 관련된 상품이 불티나게 팔리고 애니메이션을 만든 SAMG엔터의 **주식** 가격이 60퍼센트 이상 **급등**하기도 했어요. 국내의 인기에 힘입어 「사랑의 하츄핑」은 일본과 중국에도 **수출**될 예정이에요.

- **누적** 여러 번 쌓임
- **파산** 재산을 다 쓰거나 모두 잃고 망함
- **주식** 사람들이 투자할 수 있도록 작게 쪼개 놓은 회사의 소유권. 회사가 돈을 벌면 주식의 가치도 올라간다
- **급등** 가격이 갑자기 오르는 것
- **수출** 국내의 상품이나 기술을 외국으로 팔아 내보냄

기사 깊이 알아보기

1. 기사의 내용으로 옳은 것에 동그라미 표하세요.

• 「사랑의 하츄핑」이 인기를 끌고 있지만 「뽀로로」를 넘어서진 못했다.　　(　　)

• 「캐치! 티니핑」에 등장하는 캐릭터만 90여 명이다.　　(　　)

• 「사랑의 하츄핑」은 일본과 중국에도 수출될 예정이다.　　(　　)

2.내가 좋아하는 캐릭터를 한 가지 골라 설명하는 글을 써 보세요.

_____

_____

_____

단어 깊이 알아보기

밑줄 친 ㉠과 ㉡, ㉢과 ㉣의 뜻과 가장 잘 어울리는 단어를 보기에서 찾아보아요.

보기	급등	누적	수출	주식	파산

어느 작은 나라에 상점들이 있었어요. 상점들은 물건을 팔며 돈을 벌기 시작했어요. 그러다 큰 회사가 물건을 ㉠외국에 팔기 시작했어요. 외국 사람들이 그 나라의 물건을 좋아해서 ㉡물건 값이 갑자기 많이 올랐어요. 사람들은 물건을 더 많이 사 사고, 회사에는 돈도 ㉢많이 쌓였어요. 그러다 어떤 회사는 욕심을 부리고 너무 큰 빚을 지는 바람에 돈을 갚지 못해 ㉣망하고 말았어요.

㉠ _____ ㉡ _____ ㉢ _____ ㉣ _____

어떤 주제일까요?

• 경제 ・ 정치 ・ 사회 ・ 문화 ・ 과학 ・ 국제 ・ 환경 ・ 인물

정답 ㉣ 파산, ㉢ 누적, ㉡ 급등, ㉠ 수출

정답 X, X, O

똑똑한 까마귀, 숫자도 셀 수 있어요

새는 머리가 나쁘다고 알려져 있어요. 기억력이 좋지 못하거나 머리가 나쁜 사람을 **비하**할 때 새에 비유하기도 해요. 하지만 우리의 생각보다 새들은 훨씬 똑똑해요. 특히 까마귀는 똑똑한 새로 잘 알려져 있는데, 까마귀가 숫자를 4까지 셀 수 있다는 연구 결과가 나왔어요.

독일의 한 연구팀은 까마귀 3마리에게 자신이 본 숫자만큼의 울음 소리를 내도록 교육했어요. 예를 들어 3이라는 신호를 주면 3번 우는 식으로 연습을 시켰지요. 그 결과, 까마귀도 숫자와 그 값을 연관 짓는 방법을 배울 수 있다는 사실을 확인했어요. 연구팀은 연구 과정에서 까마귀들이 숫자를 세는 **발성**을 시작하기 전에 발성 횟수를 계획하는 모습도 관찰할 수 있었어요.

일부 동물이 음식이나 사물이 더 많거나 적은지를 나타내기 위해 울음소리를 사용한다는 것은 이미 알려져 있는 사실이에요. 하지만 동물이 정확하게 숫자를 이해하고 소리로 **의사 표현**까지 할 수 있다는 것을 확인한 것은 이번이 처음이었어요. 수 **개념**은 인간이 가지고 있는 **까다로운** 능력 중 하나예요. 그래서 사람들은 동물들이 숫자를 정확히 셀 수 없다고 생각했어요. 그러나 이번 연구에서 까마귀는 인간 아기들이 배우는 방식처럼 숫자와 값을 연결하고 큰 소리로 숫자를 세는 모습을 보여 줬어요. 이러한 모습을 통해 동물들도 인간처럼 숫자를 배울 수 있다는 것을 확인할 수 있어요.

- **비하** 자기 자신을 낮춤
- **발성** 목소리를 냄
- **의사 표현** 무엇을 하고자 하는 생각을 표현함
- **개념** 어떤 사물이나 현상에 대한 일반적인 지식
- **까다로운** 복잡하거나 엄격해 다루기 어려움

1. 기사를 읽고 까마귀에 대해 알고 있는 점, 더 알고 싶은 점, 알게 된 점을 정리해 보세요.

까마귀에 대해 알고 있었던 것 (생김새, 울음소리 등)	
까마귀에 대해 더 알고 싶은 점	
기사를 통해 알게 된 점	

2. 이 글에 대한 내 생각을 한 줄로 정리해 보세요.

- -

 단어 깊이 알아보기

뜻이 반대되는 단어를 보기에서 찾아보세요.

보기	발성	까다로운	비하

1. 존중   - (   )

2. 간단한 - (   )

3. 침묵   - (   )

 어떤 주제일까요?   · 경제 · 정치 · 사회 · 문화 · 과학 · 국제 · 환경 · 인물

코알라 포옹을 금지합니다

호주를 대표하는 동물인 코알라는 성질이 온순하고 생김새가 귀여워 많은 사람들의 사랑을 받는 동물이에요. **멸종** 위기종인 코알라는 호주의 극히 일부 지역에서만 볼 수 있어요. 그래서 코알라를 보러 가는 것은 호주를 방문한 관광객들이 좋아하는 관광 상품 중 하나였어요. 체험 내용에는 코알라를 직접 안아 보는 체험 코스도 있었어요. 미국의 유명 가수 테일러 스위프트를 비롯한 세계의 유명인들이 코알라를 안고 기념 사진을 찍기도 했어요.

그런데 얼마 전 세계 최대 코알라 보호구역인 론파인 보호구역에서 코알라 껴안기 체험을 **중단**했어요. 이러한 결정은 코알라를 보호하기 위해서예요. 코알라는 스트레스에 **취약**한 동물이에요. 코알라가 온순한 동물이긴 하지만 인간과 접촉할 때 스트레스를 받을 수 있거든요. 또 야행성인 코알라는 하루의 대부분을 잠을 자면서 보내야 하는데 감각이 예민한 코알라는 관광객들의 **자극**이 불편할 수 있어요. 그리고 야생동물의 야성을 잃을 수 있다는 염려도 있어요. 이러한 문제 때문에 세계 동물 보호 단체는 호주의 코알라 껴안기 체험을 **동물 학대**로 보고 지속적으로 비판해 왔어요. 동물 단체들은 이번 결정으로 동물 복지에 대한 인식이 더 높아질 것으로 기대된다며 환영의 뜻을 밝혔어요.

- **멸종** 생물의 한 종류가 없어지는 것
- **중단** 중도에서 끊는 것
- **취약** 무르고 약함
- **자극** 감각에 반응이 일어나게 하는 작용
- **동물 학대** 동물을 몹시 괴롭히거나 가혹하게 대우함

1. 코알라 꺼안기 체험이 중단된 이유는 무엇인가요?

----

2. 멸종 위기 동물을 구하기 위해 우리가 할 수 있는 일을 써 보세요.

----

3. 이 글에 대한 내 생각을 한 줄로 정리해 보세요.

💡 단어 깊이 알아보기

예문의 초성을 참고하여 괄호 안에 알맞은 낱말을 써 보아요.

1. (   ) 무르고 약함

   예문: 그간 (ㅊㅇ) 계층에 전달된 연탄이 100만 장이 넘었다.

2. (   ) 동물을 몹시 괴롭히거나 가혹하게 대우함

   예문: 유튜브 (ㄷㅁ ㅎㄷ) 콘텐츠 관련법이 제정되어야 한다.

3. (   ) 감각에 반응이 일어나게 하는 작용

   예문: 친구의 성적에 (ㅈㄱ)을(를) 받아 더 열심히 공부했다.

 어떤 주제일까요?   • 경제 • 정치 • 사회 • 문화 • 과학 • 국제 • 환경 • 인물

정답 🙂 1. 취약, 2. 동물 학대, 3. 자극

AI 미인 대회 우승자는?

AI기술이 발달하면서 AI로 만들어진 가상의 미인들이 온라인상에서 인기를 끌고 있어요. AI 미인들의 사진은 매우 **정교**해서 말해 주지 않으면 진짜 사람인지 아닌지 구분하기가 어려울 정도예요. 다양한 AI 미인들이 등장하면서 최근에는 세계 최초로 인공지능(AI) 미인 대회가 열렸어요. 대회 참가 자격은 100퍼센트 AI로 창작된 결과물로 한정했어요. 대회에는 다양한 생성형 AI 도구로 만들어진 1천 500명의 AI 미인이 후보로 등록했어요.

심사 기준은 기술적 완성도를 가장 중요한 평가 기준으로 삼았어요. 특히 AI로 만든 사람의 손과 눈 주위 **묘사**가 실제 인간처럼 얼마나 자연스럽게 구현되었는지가 핵심이었죠. AI로 인물을 만들 때 자주 문제가 생기는 부분이 바로 손과 눈 주위거든요. 이 부분을 실제 사람처럼 보이게 만드는 게 중요한 과제였죠. 이 외에도 AI 미인들의 소셜미디어 영향력도 포함되었어요.

최종 우승자는 모로코의 '켄자 라일리'가 차지했어요. 그녀는 SNS에서 20만 명이나 되는 팔로워를 보유하고 있는 **가상 인플루언서**예요. '켄자 라일리'는 실제 사람처럼 대답할 수 있는 기술적 능력과 금빛 드레스와 **히잡**을 입은 아름다운 모습으로 주목을 받았어요. 그녀는 우승을 차지한 후 인터뷰에서 "우승해서 진심으로 기쁘다."라고 소감을 밝히기도 했어요. 라일리를 만든 개발자는 2만 달러 상당의 상금과 특전을 받게 되었어요.

- **정교하다** 솜씨나 기술 따위가 정밀하고 교묘하다
- **묘사** 그림을 그려서 표현하는
- **가상** 실물처럼 보이는 거짓 형상
- **인플루언서** SNS에서 많은 구독자를 통해 대중에게 영향력을 미치는 사람
- **히잡** 아랍권의 이슬람 여성이 머리에 쓰는 수건

1. AI 미인 대회의 심사 기준은 무엇인가요?

....

....

2. 이번 AI 미인대회 우승자에 대해 설명해 보세요.

....

....

3. 이 글에 대한 내 생각을 한 줄로 정리해 보세요.

....

단어 깊이 알아보기

뜻이 비슷하거나 같은 단어를 보기에서 찾아보세요.

보기	가상	묘사	인플루언서	정교하다	히잡

1. 유명인사 - (   )

2. 스카프   - (   )

3. 허구   - (   )

4. 표현   - (   )

5. 세밀하다 - (   )

어떤 주제일까요?   · 경제 · 정치 · 사회 · 문화 · 과학 · 국제 · 환경 · 인물

정답 1. 인플루언서, 2. 히잡, 3. 가상, 4. 묘사, 5. 정교하다

남방큰돌고래 '종달이' 구조 작전!

2023년 11월 제주도 종달 해안에서 새끼 남방 큰돌고래가 낚싯줄에 온몸이 엉킨 모습으로 헤엄을 치고 있는 모습이 포착되었어요. 사람들은 종달 해안에서 발견되었다는 뜻으로 '종달이'라는 이름을 붙여 주고 낚싯줄을 제거하기 위한 계획을 세웠어요. 먼저 구조단은 종달이 꼬리지느러미에 붙어 있던 낚싯줄을 제거하는 **응급처치**를 했어요. 하지만 주둥이 부근의 낚시 바늘과 몸통에 엉킨 낚싯줄을 제거하지 못했어요. 시간이 지나 종달이가 자라면서 낚시 바늘과 낚싯줄이 종달이의 몸을 파고 들었고 종달이의 몸통은 활처럼 굽기 시작했어요.

종달이의 상태가 악화되자 구조대는 좀 더 적극적인 **조치**를 취하기로 했어요. 구조대는 긴 장대에 칼날을 달아 낚싯줄을 **절단**했어요. 낚싯줄이 끊어진 후 종달이는 다시 엄마 돌고래와 함께 이전보다 훨씬 더 자유롭게 수영하는 모습을 보여 주었어요.

이번 구조는 한국에서는 처음으로 도입된 '**능동 구조**' 방식이라는 점에서 의미가 있어요. 해당 방식은 해양 동물의 상태가 더 악화하기 전에 선제적으로 **개입**하여 구조하는 방식이에요. 구조단은 앞으로도 낚싯줄로 인한 해양동물의 피해를 줄이기 위해 적극적인 개입과 구조 활동을 이어가겠다고 밝혔어요. 종달이의 사례는 해양 동물을 보호하고 바다를 깨끗하게 유지하는 것이 얼마나 중요한지 보여 주고 있어요.

- **응급처치** 갑작스러운 병이나 상처의 위급한 고비를 넘기기 위하여 임시로 하는 치료
- **조치** 사태를 해결하기 위해 세운 대책
- **절단** 자르거나 끊음
- **능동** 스스로 내켜서 움직이거나 작용함
- **개입** 자신과 직접적인 관계가 없는 일에 끼어듦

1. 능동 구조 방식이란 무엇인가요?

2. 인간이 버린 낚시줄 때문에 어려움을 겪었던 종달이에게 마음을 전하는 글을 써봅시다.

3. 이 글에 대한 내 생각을 한 줄로 정리해 보세요.

단어 깊이 알아보기

예문의 초성을 참고하여 괄호 안에 알맞은 낱말을 써 보아요.

1. (   ): 스스로 내켜서 움직이거나 작용함

   예문: (ㄴㄷ)적인 학습 방식을 사용하기 때문에 성적 향상에 효과적이다.

2. (   ): 자신과 직접적인 관계가 없는 일에 끼어듦

   예문: 피해를 입은 사람들을 보호하기 위한 적극적인 (ㄱㅇ)과(와) 지원 노력을 계속하겠다.

3. (   ): 사태를 해결하기 위해 세운 대책

   예문: 문제를 해결하기 위해 더 강력한 (ㅈㅊ)을(를) 취하기로 결정했다.

 어떤 주제일까요?   · 경제   · 정치   · 사회   · 문화   · 과학   · 국제   · 환경   · 인물

정답 1. 능동, 2. 개입, 3. 조치

싱크홀이 위험해요!

　길을 가다가 갑자기 땅이 아래로 꺼지는 상상을 해 본 적이 있나요? 실제로 지구 곳곳에서 **지반**이 내려앉아 지면에 커다란 웅덩이나 구멍이 생기는 현상인 싱크홀 현상이 종종 일어나곤 해요. 우리나라에서도 최근 서울 서대문구 연희동 도로에서 싱크홀이 생겨 싱크홀에 차가 빠지는 사고가 일어났어요. 사고 차량의 뒤차 블랙박스에 찍힌 영상에는 정상적으로 주행하던 앞차가 갑자기 도로 아래로 떨어지는 장면이 **고스란히** 담겼어요. 이 사고로 차량에 타고 있던 노부부가 부상을 입고 병원으로 옮겨졌어요.

　전문가들은 싱크홀 현상의 원인으로, 줄어든 지하수와 상하수도 **노후화**를 들었지만 정확한 원인을 찾지는 못했어요. 서울시는 사고 원인을 철저히 조사하고 도로를 복구하겠다고 밝혔지만 싱크홀 사고가 잦아지자 많은 사람들이 불안해하고 있어요. 최근 3년 동안 전국 도로에서 확인된 크고 작은 싱크홀은 한 해 평균 160건이나 돼요.

　싱크홀 사고를 예방하기 위해서는 싱크홀 **전조 증상**인 땅이 울리는 소리나 꿀렁거리는 아스팔트를 발견하면 즉시 신고를 해야 해요. 또한 도로를 지나다가 **균열**이 생겼거나 표면이 울퉁불퉁한 곳을 발견하면 위험할 수 있으니 피해가는 것이 좋아요. 만약 싱크홀에 빠지는 상황이 생긴다면, 119에 신고하여 사고 위치를 알려 주고 침착하게 대응하세요.

- **지반** 우리가 발을 딛고 서 있는 땅
- **고스란히** 온전한 상태 그대로
- **노후화** 오래되거나 낡아서 쓸모가 없게 됨
- **전조 증상** 어떤 일이 생길 기미
- **균열** 땅이나 물건이 갈라지거나 금이 간 상태

📝 기사 깊이 알아보기

1. 싱크홀의 전조 증상은 무엇인가요?

---

2. 만약 싱크홀에 빠진다면 어떻게 해야 하나요?

---

3. 이 글에 대한 내 생각을 한 줄로 정리해 보세요.

💡 단어 깊이 알아보기

보기에서 단어를 골라 문장을 완성해 보세요.

보기	균열	지반	노후화

(   )된 아파트 단지에서는 (   )이 약해지면서 건물의 기초가 흔들리고, 여러 곳에서 (   )이 생기기 시작해 주민들이 불안해하고 있다.

🔍 어떤 주제일까요?

· 경제 · 정치 · 사회 · 문화 · 과학 · 국제 · 환경 · 인물

정답 : 노후화, 지반, 균열

세븐틴, 유네스코에서 청년들의 꿈을 응원하다!

우리나라의 인기 그룹 세븐틴이 유네스코(UNESCO) 청년 친선 대사로 임명되었어요. 유네스코는 전 세계의 교육, 과학, 문화의 보급과 교류를 위해 **창설**된 유엔의 전문 기구예요. 유네스코 최초의 청년 **친선 대사**로 임명된 세븐틴은 세계 곳곳 청년들의 꿈을 응원하는 역할을 맡았어요. 또한 유네스코 연단에서 청년 세대를 위한 희망의 메시지를 전달하기 위한 연설과 공연을 진행했어요. 2018년 유엔(UN)에서 연설을 한 BTS에 이어 세븐틴까지 국제기구 **연단**에 오르게 된 것이지요.

2018년 UN연설에서 BTS는 '스스로를 사랑하자(Love Yourself)'라는 메시지로 전 세계인에게 감동을 줬어요. 이번 유네스코 연설에서 세븐틴은 교육이 우리의 꿈을 변화시키고 세상을 바꿀 수 있다는 메시지를 전달했어요. 청년들이 서로 연대하고 지지하면서 지구의 미래를 바꾸어 나가자고도 했지요.

앞서 우리나라의 걸 그룹인 블랙핑크와 에스파도 국제 기구 무대에 초청받은 적이 있어요. 이렇게 국제 기구에서 우리나라 아이돌을 초청하는 것은 국제 사회에서 K-팝이 가진 영향력이 커지고 있다는 것을 보여 줘요. 다른 나라에서도 K-팝 아티스트들을 전 세계 청년을 **대변**하는 영향력 있는 존재로 보고 있다는 뜻이지요.

- **창설** 기구, 단체, 조직 등을 처음으로 설치하거나 설립함
- **친선 대사** 서로의 관계를 더 좋게 유지하기 위하여 위촉한 사람
- **연단** 연설이나 강연을 하는 사람이 올라서는 단
- **대변하다** 다른 사람이나 단체를 대신하여 의견이나 태도를 발표함

기사 깊이 알아보기

1. 국제 기구에서 우리나라 아이돌을 초청하는 이유는 무엇인가요?

----

2. 내가 좋아하는 가수에 대해 설명하는 글을 써 보세요.

나는 (   )를 좋아한다.

왜냐하면 --------------------------------

----

3. 이 글에 대한 내 생각을 한 줄로 정리해 보세요.

단어 깊이 알아보기

다음 중 '연단'의 뜻이 다르게 쓰인 문장을 고르세요.

① 오늘 회장 선거 후보 연설에서 나는 세 번째로 **연단**에 올랐다.

② 강연자가 **연단**에 오르자 박수가 터져 나왔다.

③ 쇠붙이는 **연단**할수록 더욱 단단해진다.

④ 교장 선생님께서 **연단**에 올라 상을 전달해 주셨다.

어떤 주제일까요? · 경제 · 정치 · 사회 · 문화 · 과학 · 국제 · 환경 · 인물

(정답 ③ 쇠붙이는 열을 가하여 단단하게 만드는 것을 뜻하는 '연단'이 다르게 쓰였어요.)

나이는 숫자일 뿐, 102세 할머니의 도전

과거에는 60살만 살아도 **장수**한 것이라고 여겼지만 이제는 의료 기술이 발달하면서 100세 시대가 열렸어요. 건강관리와 도전 정신으로 나이가 들어도 도전을 멈추지 않는 노인들이 늘어나면서 많은 젊은이들에게 **귀감**이 되고 있어요. 얼마 전에는 영국의 한 할머니가 자신의 102세 생일을 맞아 스카이 다이빙을 해서 화제가 되었어요. 스카이 다이빙이란 비행 중인 항공기에서 낙하산을 착용하고 뛰어내리는 **극한 스포츠**를 말해요.

102세에 스카이 다이빙에 도전한 마네트 베일리 할머니는 군인 출신으로 제2차 세계대전 **참전 용사**예요. 할머니는 '항상 새로운 것을 찾아야 한다.'라는 도전 의지를 불태우며 상공 2천 100미터에서 용기 있게 뛰어내렸어요.

이를 통해 지역 자선 단체들을 위한 기금 1만 파운드(약 1천 750만 원)이상을 모금하기도 했어요. 한편, 마네트 베일리는 건강하게 장수하는 비결로 사람들과의 활발한 교류를 꼽았어요. 그녀는 "바쁘게 지내고, 모든 것에 관심을 갖고, 주변 사람들을 친절하게 대하도록 하라."라고 **조언**했어요. 사람들과의 긍정적인 상호작용이 건강하고 행복한 삶을 만들 수 있다는 것이지요.

- **장수** 오래도록 삶
- **귀감** 거울삼아 본받을 만한 것
- **극한 스포츠** 부상이나 위험을 무릅쓰고 다양한 묘기를 펼치는 스포츠
- **참전 용사** 전쟁에 참가한 용감한 군사
- **조언** 도움이 되도록 말을 거들거나 깨우쳐 줌

1. 기사에 나타난 장수의 비결은 무엇인가요?

....

2. 내가 도전해 보고 싶은 것들의 목록(버킷 리스트)을 적어 보세요.

💡 단어 깊이 알아보기

1. 우리는 6.25 ㅊ ㅈ ㅇ ㅅ 들께 늘 감사하는 마음을 가져야 한다.

2. 선생님께서는 나에게 늘 ㅈ ㅇ 과 격려를 해 주셨다.

3. 심청이의 효행은 많은 사람들에게 ㄱ ㄱ 이 되었다.

4. 옛날에는 60세만 되어도 ㅈ ㅅ 한다고 생각했다.

📝✓ 여기서 잠깐, 상식 노트

버킷 리스트

죽기 전에 꼭 해야 할 일이나 하고 싶은 일에 대한 목록을 버킷 리스트라고 불러요.

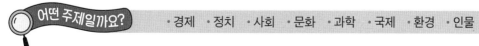

🔍 어떤 주제일까요?   ·경제 ·정치 ·사회 ·문화 ·과학 ·국제 ·환경 ·인물

🔖 정답 1. 참전 용사, 2. 조언, 3. 귀감, 4. 장수

초급편

초급편에서는 우리 주변에서 일어나는 다양한 이슈들로
신문 읽기에 자신감을 기르고, 신문 읽기의 기초를 닦을 수
있어요. 처음 보는 단어가 있더라도 앞뒤 문장을 읽고
단어의 뜻을 생각해 보세요. 어려운 단어도 글의
맥락을 생각하면 이해할 수 있을 거예요.

을사년은 푸른 뱀의 해

해마다 한 해를 **상징**하는 동물이 있어요. 2025년은 을사년으로 '푸른 뱀의 해'예요. 2024년은 갑진년으로 '푸른 용의 해'였지요. 이러한 한 해의 이름은 **간지**(육십갑자)의 규칙에 의해 정해져요.

육십갑자는 10간과 12지를 **결합**하여 만들어진 것으로 60개의 간지는 1년에 하나씩 연결이 돼요. 그래서 만 60세가 되면 자신이 태어난 연도와 간지가 똑같은 해가 다시 왔다는 뜻으로 돌아올 환(還)을 써 **환갑**이라 부르고 환갑 잔치를 열어요.

간지는 60년마다 돌아오지만, 한 해를 상징하는 동물은 12년마다 돌아와요. 한 해를 상징하는 동물로 띠가 결정되지요. 2024년에 태어난 아이들은 용띠이고, 2025년에 태어나는 아이들은 뱀띠가 되는 거예요. 띠는 쥐(자) - 소(축) - 호랑이(인) - 토끼(묘) - 용(진) - 뱀(사) - 말(오) - 양(미) - 원숭이(신) - 닭(유) - 개(술) - 돼지(해)의 순으로 돌아가지요.

역사 속 사건 중 간지(육십갑자)가 사용된 경우가 많아요. 임진왜란은 임진년(1592년)에 일본(왜)가 일으킨 전쟁(난)이라는 뜻이고 병자호란은 병자년(1636년)에 **오랑캐**(호)가 일으킨 전쟁(난)이라는 뜻이지요. 갑오개혁은 갑오년(1894년)에 추진되었던 **개혁**운동을 말해요.

- **상징** 추상적인 개념이나 사물을 구체적인 사물로 나타내는 일
- **간지** 10간과 12지를 조합한 것
- **결합** 둘 이상의 사물이나 사람이 서로 관계를 맺어 하나가 됨
- **환갑** 육십갑자의 갑으로 되돌아온다는 뜻으로, 태어난 지 60돌이 되는 해
- **오랑캐** 언어 풍습이 다른 이민족을 멸시하며 부르는 말
- **개혁** 제도나 기구 따위를 새롭게 뜯어 고침

1. 우리 가족의 출생 연도와 띠를 적어 보세요.

---

2. 푸른 뱀의 해에 실천하고 싶은 나의 다짐을 세 가지 적어 보세요.

3. 이 글에 대한 내 생각을 한 줄로 정리해 보세요.

단어 깊이 알아보기

1. 미국의 ㅅ ㅈ 은 흰머리 수리이다.

2. 북쪽의 ㅇ ㄹ ㅋ 를 막기 위해 성을 쌓았다.

3. 경제 발전을 위해 과감한 ㄱ ㅎ 을 시도했다.

여기서 잠깐, 상식 노트

띠는 1월 1일이 아니라 입춘을 기준으로 결정돼요. 입춘은 24절기 중의 하나로 보통 양력 2월 4일 경이에요. 따라서 2025년 2월 3일까지는 용띠, 2025년 2월 4일부터는 뱀띠가 돼요.

어떤 주제일까요?　　·경제　·정치　·사회　·문화　·과학　·국제　·환경　·인물

정답 1. 상징, 2. 오랑캐, 3. 개혁

독립운동가에게 선물한
밝은 미소

　일제강점기 시기, 잃어버린 우리나라의 주권을 되찾기 위해 많은 독립운동가들이 일본에 맞서 싸웠어요. 일본에 저항하다 목숨을 잃은 **순국** 독립운동가들의 모습은 흑백사진으로 남아 있어요. 모진 **고문**으로 퉁퉁 부은 얼굴로 남아 있는 유관순 열사의 사진, 비장한 표정으로 서 있는 윤봉길 의사의 사진 등을 보면 가슴이 아프지요. 목숨을 바쳐 꿈꿨지만 끝내 우리나라가 광복을 맞는 걸 보지는 못하셨어요.

　광복을 맞이해 눈부신 경제성장을 이루고 이제는 세계적 K-팝 열풍을 **주도**하는 대한민국의 모습을 보면 독립운동가들이 얼마나 기뻐하실까요. 광복절을 맞아 인공지능(AI) 기술로 독립운동가들에게 숨결을 불어넣은 영상이 **화제**가 되었어요. 유튜브 채널 '하일광'에서는 광복절을 앞두고 영상이 올라왔어요. 이 영상에는 독립운동가 안중근, 김구, 유관순, 김마리아, 홍범도, 윤봉길, 김원봉 선생님 등이 손을 번쩍 들고 활짝 웃는 모습이 담겨 있어요. 모두 AI를 활용해 만들어진 것으로 마치 우리나라의 광복을 보고 기뻐하시는 듯 생생한 모습이에요. 환하게 웃으며 만세를 외치는 그분들의 모습은 **뭉클함**을 자아냈어요. 해당 영상을 본 누리꾼들은 "눈물이 날 정도로 감사합니다."라며 감동을 표했어요.

- **순국** 나라를 위하여 목숨을 바침
- **고문** 숨기고 있는 것을 강제로 알아내기 위하여 육체적·정신적 고통을 주며 신문함
- **주도** 주체적으로 이끌거나 지도함
- **화제** 남의 입에 오르내리며 이야기의 대상이 되는 문제
- **뭉클하다** 감정이 북받쳐 가슴이 갑자기 꽉 차는 듯하다

기사 깊이 알아보기

1. AI로 복원하여 만나고 싶은 사람이 있다면 그 이유를 적어 보세요. (역사 속 인물, 만화나 영화 캐릭터도 좋습니다.)

_____

2. 그 사람에게 내 마음을 담은 편지를 적어 보세요.

3. 독립운동가들에 대한 내 생각을 한 줄로 정리해 보세요.

_____

 단어 깊이 알아보기

단어의 뜻을 올바르게 이어 보아요.

1. 순국 •   • ① 숨기고 있는 것을 강제로 알아내기 위하여 고통을 주며 신문함

2. 고문 •   • ② 나라를 위하여 목숨을 바침

3. 주도 •   • ③ 남의 입에 오르내리며 이야기의 대상이 되는 문제

4. 화제 •   • ④ 주체적으로 이끌거나 지도함

 **어떤 주제일까요?**   •경제 •정치 •사회 •문화 •과학 •국제 •환경 •인물

ⓔ .4 ⓔ.3 ① .2 ② .1 **답정** 🥚

AI가 선물한 특별한 추석 선물

추석을 앞두고, **소방청**이 특별한 이벤트를 열었어요. 사고로 세상을 떠난 소방관들의 **유족**들에게 추억을 선물해 주기 위해서였지요. **순직** 소방관 가족들은 소방청이 설치한 사진 부스에서 소방 캐릭터와 사진을 찍으면 액자를 준다는 이벤트에 참여하게 되었어요. 이벤트에 응한 가족들은 '인생 네 컷' 차량에서 즉석 사진을 찍었어요. 그런데 이 사진에는 특별한 비밀이 있었어요. 바로 소방 캐릭터 대신 순직한 소방 대원의 사진이 **합성**되어 나온 것이지요. 환하게 웃고 있는 순직 소방관이 함께 찍힌 사진을 본 가족과 지인들은 깜짝 놀랐어요.

화재 현장에서 남편을 떠나 보낸 이연숙 씨는 "너무 힘들어서 남편의 사진을 다 버렸는데, 귀한 선물을 줘서 너무 고맙다."라며 눈물을 터뜨렸어요. 이 밖에도 순직한 고(故) 이호현 대원의 동료 손영호·박민수 씨, 2014년 세월호 참사 당시 헬기 사고로 순직한 고 신영룡 대원의 부친 신두섭 씨 등이 이벤트에 참여해 순직한 아들과 동료를 추억했어요.

소방청은 이번 행사를 통해 순직한 소방관들을 잊지 않고 기억하겠다는 마음을 전달했어요. 소방청의 한 관계자는 "**명절**이 되면 돌아가신 분들의 빈자리가 더 크게 느껴질 텐데, 가족들이 이 사진을 보고 조금이라도 위로를 받으셨으면 좋겠다."라고 말했어요.

- **소방청** 소방 활동을 관리하는 정부 기관
- **유족** 세상을 떠난 사람의 남은 가족이나 친척
- **순직** 직무를 다하다가 목숨을 잃는 것
- **합성** 두 가지 이상의 것들을 하나로 합치는 것
- **명절** 온 가족이 모여 함께 지내는 전통적인 날로, 주로 설날과 추석을 뜻함

 기사 깊이 알아보기

1. 소방청이 준비한 이벤트는 무엇이었나요?

....

2. 우리의 안전을 위해 목숨을 바치신 분들께 감사의 마음을 담은 편지를 적어 보세요.

 단어 깊이 알아보기

다음 단어에 대한 뜻풀이를 찾아 바르게 선으로 이어 보세요.

1. 소방청 •   • ① 직무를 다하다가 목숨을 잃는 것

2. 유족 •   • ② 두 가지 이상의 것들을 하나로 합치는 것

3. 순직 •   • ③ 소방 활동을 관리하는 정부 기관

4. 합성 •   • ④ 세상을 떠난 사람의 남은 가족이나 친척

5. 명절 •   • ⑤ 온 가족이 모여 함께 지내는 전통적인 날로, 주로 설날과 추석을 뜻함

어떤 주제일까요?   · 경제 · 정치 · 사회 · 문화 · 과학 · 국제 · 환경 · 인물

정답 1.③ 2.④ 3.① 4.② 5.⑤

2년 만에 열린 올림픽 피겨 시상식

2022년 베이징 동계 올림픽 여자 피겨스케이팅 결과가 2년 만인 2024년에 확정되었어요. 당시 1위를 차지했던 러시아 선수의 도핑 문제 때문에 2년 만에 순위가 확정되었기 때문이에요. 도핑은 운동 선수가 경기 능력을 높이기 위해 금지된 약물을 **복용**하거나 주사하는 것을 말해요.

어떤 약물에는 일시적으로 근육의 힘을 좋게 하는 등 경기력에 영향을 미치는 성분이 들어 있어요. 이러한 약물을 먹게 될 경우, 공정한 경쟁이 이루어졌다고 볼 수 없기 때문에 스포츠 경기에서는 도핑을 엄격하게 금지하고 있어요. 만약에 도핑 테스트에서 금지 약물이 **검출**되면 **고의성**과 상관없이 모든 책임은 선수 본인이 져야 해요. 경기 결과가 취소되는 것은 물론이고 높은 **징계**와 처벌을 받게 돼요. 모르고 먹었다고 해도 소용이 없어요.

그런데 2022년 베이징 동계 올림픽 당시 여자 피겨스케이팅 단체전에서 1위를 차지한 러시아의 카밀라 발리예바가 도핑 양성을 보였어요. 그래서 국제 올림픽 위원회(IOC)는 단체전 메달 수여식을 연기했어요. 이후 2년간의 조사 끝에 베이징 올림픽 피겨 단체전 메달이 확정된 것이지요. 그 결과, 1위였던 러시아는 도핑으로 **실격** 처리되고 2위였던 미국이 1위, 3위였던 일본이 2위로 올라섰어요.

- **복용** 약을 먹음
- **검출** 물질 속에 어떤 화학 성분이 있는지 검사하여 확인하는 일
- **고의성** 어떠한 행동이나 말을 결과를 알면서 일부러 하는 성질
- **징계** 부정이나 부당한 행위에 대하여 제재를 가함
- **실격** 기준 미달이나 기준 초과, 규칙 위반으로 자격을 잃음

기사 깊이 알아보기

1. 도핑이란 무엇인가요?

_____

_____

2. 도핑 테스트에서 금지 약물이 검출되면 어떻게 되는지 기사에서 찾아 써 보세요.

_____

_____

3. 이 글에 대한 내 생각을 한 줄로 정리해 보세요.

_____

단어 깊이 알아보기

단어와 예문을 올바르게 이어 보아요.

1. 복용 •   • ① 부정이나 부당한 행위에 대하여 제재를 가함

2. 검출 •   • ② 기준 미달이나 기준 초과, 규칙 위반으로 자격을 잃음

3. 징계 •   • ③ 약을 먹음

4. 실격 •   • ④ 물질 속에 어떤 화학 성분이 있는지 검사하여 확인하는 일

어떤 주제일까요?   ·경제 ·정치 ·사회 ·문화 ·과학 ·국제 ·환경 ·인물

정답 1.③ 2.④ 3.① 4.②

돌솥 비빔밥은 우리 문화야!

    뜨끈한 솥밥에 비빔밥을 올려 비벼 먹는 돌솥 비빔밥은 우리나라 사람들이 즐겨 먹는 음식이에요. 그런데 한국의 전통 음식인 돌솥 비빔밥을 중국에서 자신들의 **문화유산**으로 지정된 사실이 뒤늦게 알려졌어요. 중국에서 이렇게 한국의 전통 문화를 자신들의 문화유산이라고 등록한 일이 처음은 아니에요. 조사에 따르면 중국이 국가급 및 성급 문화유산으로 지정해 관리하고 있는 한국의 **무형 문화유산**이 100건이 넘는 것으로 나타났어요. 중국은 김치, 윷놀이, 아리랑, 판소리, 씨름, 우리나라의 전통 혼례 같은 한국의 대표적인 전통문화들도 '조선족의 전통'이라는 이름으로 중국의 무형 문화유산으로 등록했어요.

    앞서 중국은 우리 농악무를 '조선족 농악무'로 바꿔 국가급 무형문화재로 지정한 뒤 2009년 유네스코 세계 무형 문화유산에 등재한 적도 있어요. 이에 대해 우리 정부는 5년 뒤인 2014년에야 농악을 유네스코에 등재해 **'늑장 대응'**이라는 비판을 받았어요. 이번에 돌솥 비빔밥도 현재 우리나라에서는 국가 무형유산으로 등재해 놓지 않은 상태예요. 또다시 늑장 대응을 했다가는 우리의 전통 문화를 빼앗길 수 있다는 우려가 나오고 있어요. 이러한 문화 유산은 **국가 정체성**과 관련된 사안이기에 우리 정부는 중국의 **역사 왜곡** 시도에 대해 단호히 대응하겠다고 말했어요.

- **문화유산** 오래전부터 전해 내려오는 건축물, 유적지, 예술품, 전통적인 관습이나 의식 같은 문화적인 가치를 가진 것
- **무형 문화유산** 눈에 보이는 물건이 아닌, 사람들이 전통적으로 이어온 기술, 예술, 춤, 노래, 음식 같은 것
- **늑장 대응** 어떤 일이나 사태에 느릿느릿 꾸물거리는 태도나 행동을 취함
- **국가 정체성** 개인이 국가와 민족에 소속감과 연대감을 지니는 상태
- **역사 왜곡** 역사를 자신들에게 유리하도록 해석하거나 거짓으로 지어 쓰는 일

1. 중국이 자신들의 문화유산이라고 등록한 우리나라의 전통문화들은 무엇인가요?

2. 우리나라나 우리 고장의 문화유산 한 가지를 골라 소개하는 글을 써 보세요.

> **tip** 소개하는 글을 쓰는 방법
> • 소개할 내용을 자세하게 써 보아요.
> • 읽는 사람이 궁금해할 내용을 써 보아요.

3. 이 글에 대한 내 생각을 한 줄로 정리해 보세요.

단어 깊이 알아보기

밑줄 친 ㉠과 ㉡의 뜻과 가장 잘 어울리는 어휘를 보기에서 고르세요.

보기	문화유산	무형 문화유산	늑장 대응	국가 정체성	역사 왜곡

• 문제 발생 후 ㉠**빠르게 해결하지 않는** 바람에 상황이 더 나빠졌다.

• 역사를 바르게 전달하지 않고 ㉡**역사의 일부 사실을 의도적으로 바꿔** 가르치는 일이 논란이 되었다.

㉠: _____ ㉡: _____

 어떤 주제일까요?   • 경제 • 정치 • 사회 • 문화 • 과학 • 국제 • 환경 • 인물

도로의 무법자 킥라니를 조심하세요

　전동 킥보드·자전거 등 개인형 이동 장치 사고가 최근 5년간 5배 이상 증가한 것으로 나타났어요. 특히 좁은 길에서 전동 킥보드가 갑자기 튀어나와 **보행자**와 부딪치는 사고가 늘고 있어요. 이 때문에 전동 킥보드와 고라니를 조합한 '킥라니'라는 **신조어**까지 등장했어요. 도로에 갑자기 튀어나온 고라니로 인한 교통 사고가 종종 일어나는데 전동 킥보드가 마치 고라니처럼 갑자기 튀어나와 사고를 일으킨다는 뜻이에요. 전동 킥보드는 좁은 길을 이동하며 안전장치가 없는 보행자를 위협해서 문제가 있어요.

　전동 킥보드 운전자 또한 헬멧을 제외한 안전장치가 **전무**하기 때문에 사고 발생 시 부상의 위험이 매우 높아요. 그래서 우리나라에서는 전동 킥보드의 속도를 시속 25킬로미터로 제한하고 있어요. 하지만 여전히 킥보드 관련 사고로 많은 사람이 다치고 있어요. 사고 건수는 해마다 증가하고 있는 실정이지요. 정부는 전동 킥보드로 인한 안전 문제를 해결하기 위해 속도 제한을 시속 20킬로미터로 낮추는 방안을 검토하고 있어요.

　해외에서는 전동 킥보드 운행을 아예 금지하거나 전동 킥보드를 대여해 주는 공유 킥보드 사업을 **퇴출**하는 경우가 늘어나고 있어요. 프랑스의 파리, 스페인의 바르셀로나 등도 안전상의 이유로 공유 킥보드를 금지시켰어요.

- **보행자** 걸어 다니는 사람
- **신조어** 새로 만든 낱말
- **전무하다** 전혀 없다
- **퇴출** 물러나서 나감
- **도입** 기술, 방법, 물자 등을 끌어들임

기사 깊이 알아보기

1. '킥라니'라는 신조어는 무슨 뜻인가요?

---

2. 킥보드가 위험한 이유는 무엇인가요?

보행자 입장에서 :

운전자 입장에서 :

---

3. 이 글에 대한 내 생각을 한 줄로 정리해 보세요.

단어 깊이 알아보기

1. 도로와 인도 공사로 ㅂ ㅎ ㅈ 들이 불편을 겪었다.

2. 친구들이 지나치게 ㅅ ㅈ ㅇ 를 사용해서 대화를 이해하기 어려웠다.

3. 그 마을에는 의료 시설이 ㅈ ㅁ 해서 옆 마을로 병원을 가야 한다.

4. 아이들 건강을 해치는 불량 식품은 ㅌ ㅊ 되어야 한다.

어떤 주제일까요? · 경제 · 정치 · 사회 · 문화 · 과학 · 국제 · 환경 · 인물

정답 1. 보행자, 2. 신조어, 3. 전무, 4. 퇴출

국내 첫 자율 주행 택시 운행 시작!

 자동차에 목적지만 입력하면 스스로 목적지에 데려다주는 자율 주행 자동차는 더 이상 상상 속의 일이 아니에요. 국내 첫 자율 주행 택시가 서울 강남, 서초 일대에서 운행을 시작했어요. **시범 운영** 기간인 2024년까지는 무료로 운영이 되며 일반 택시처럼 '카카오T' 앱을 통한 호출로 이용할 수 있어요. 정해진 노선을 운행하는 자율 주행 버스와 달리 자율 주행 택시는 이용객의 요청에 따라 실시간 최단 경로를 찾아 운행하기 때문에 더 높은 기술이 필요해요.

 자율 주행 택시는 승객이 탑승하면 핸들을 스스로 움직여 손님을 목적지까지 데려다줘요. 차선을 바꿀 때에는 깜빡이를 미리 켜는 것은 물론이고 앞차와의 간격에 따라 속도를 조절하면서 **능숙한** 기사처럼 자연스럽게 움직이지요. 하지만 택시 스스로 손님을 태우고 내려 주는 것은 아니에요. 자율 주행 택시 운전석에는 안전 요원 역할을 하는 운전자가 타고 있어요.

 안전을 위해 골목길이나 어린이 보호 구역이 나오면 운전자가 **수동**으로 운전을 해 줘요. 어린이 보호 구역이나 주택가 골목길을 벗어나 다시 자율 주행 버튼을 누르면 차가 알아서 움직여요. 자율 주행 택시는 아직까지는 밤 11시부터 새벽 5시까지 **심야** 시간에 단 3대만 운영하고 있어요. 하지만 서비스가 안정화되면 운행 시간을 주간으로 연장하고, 차량 수도 확대해 나갈 계획이에요.

- **시범 운영** 새로운 체제, 시설 등을 정식으로 운영하기 전에 시험적으로 운영하여 보는 일
- **능숙한** 막히거나 서투른 데가 없이 익숙하다
- **수동** 기계 등은 다른 동력을 쓰지 않고 손으로만 조작하여 움직임
- **심야** 깊은 밤

1. 기사의 내용으로 옳은 것에 동그라미 표하세요.

• 우리나라에 시범 운영되는 자율 주행 택시는 무인으로 운영된다.　　　(　　　)

• 자율 주행 택시는 시범 운영 기간 동안 무료로 운행한다.　　　(　　　)

• 자율 주행 택시는 버스와 같이 정해진 노선을 운영한다.　　　(　　　)

2. 자율 주행 자동차가 많아지면 어떤 장점이 있을지 써 보세요.

- -

- -

- -

3. 이 글에 대한 내 생각을 한 줄로 정리해 보세요.

- -

단어 깊이 알아보기

1. 교육부는 몇 개의 초등학교에서 디지털 교과서를 ㅅ ㅂ ㅇ ㅇ 해보기로 했다.

2. 미용사는 ㄴ ㅅ ㅎ 가위질로 내 머리카락을 예쁘게 잘랐다.

3. 이 장난감은 스스로 움직이지 않고 ㅅ ㄷ 으로 움직여야 한다.

4. 버스는 ㅅ ㅇ 에 운행하지 않는다.

어떤 주제일까요?　　　·경제　·정치　·사회　·문화　·과학　·국제　·환경　·인물

이제 로켓도 재활용 시대!

　　세계 최고의 부자 중 한 사람인 미국의 일론 머스크는 뛰어난 상상력과 추진력으로 꿈을 현실로 만들고 있어요. 테슬라로 전기 차와 자율주행 자동차 시대를 열었고, 동시에 스페이스X로 민간 우주선 사업을 발전시키고 있어요. 특히 그는 "지구에 안주해서는 인류의 멸종을 막을 수 없다."라며 스페이스X를 통해 화성을 **개척**해 인류가 **이주**할 수 있게 하는 스타십 프로젝트를 추진 중이에요. 최근 스페이스X는 스타십 시험 발사에 성공했고, 스타십 하단의 추진체를 회수하는 데도 성공했어요.

　　스타십은 화성 탐사용으로 개발한 초대형 **발사체**예요. 스타십은 길이 121미터, 무게 5천 톤으로, 40층 아파트 높이와 맞먹어요. 인류가 만든 로켓 중 가장 크지요. 2단부로 구성된 스타십은 '슈퍼헤비'라는 이름을 가진 1단부 위에 '스타십'으로 불리는 2단부를 얹은 모양이에요. 로켓이 발사되면 추진체인 1단은 공중에서 분리되어 떨어지는데 이번 발사에서 떨어지는 추진체를 잡는 기술을 선보인 거예요.

　　메카질라라고 불리는 로봇 팔이 거대한 슈퍼헤비를 낚아채는 모습을 보고 많은 사람들은 역사적인 신기술이라며 놀라워했어요. 이렇게 회수된 로켓 추진체는 다음 번 로켓을 발사할 때 재활용할 수 있어요. 이렇게 되면 로켓 추진체를 만드는 데 필요한 시간과 돈을 **획기적**으로 절약할 수 있어요. 일론 머스크는 X(구 트위터)에 "생명을 여러 행성에 살게 하는 데 큰 **진전**이 이루어졌다."라는 글을 올리며 자신의 목표가 인류의 화성 이주에 있음을 강조했어요.

- **개척** 새로운 영역, 운명, 진로 따위를 처음으로 열어 나감
- **이주** 본래 살던 곳에서 다른 곳으로 거처를 옮김
- **발사체** 우주선을 지구 궤도로 올리거나 지구 중력장에서 벗어나도록 하는 로켓 장치
- **획기적** 어떤 과정이나 분야에서 전혀 새로운 시기를 열어 놓을 만큼 뚜렷이 구분되는 것
- **진전** 일이 진행되어 발전함

1. 일론 머스크가 운영하는 회사에서 하고 있는 일은 무엇인가요?

테슬라	
스페이스X	

2. 로봇 팔 메카질라의 역할은 무엇인가요?

3. 이 글에 대한 내 생각을 한 줄로 정리해 보세요.

 단어 깊이 알아보기

'추진력'에는 ①물체를 밀어 앞으로 내보내는 힘 ②목표를 향하여 밀고 나아가는 힘이라는 두 가지 뜻이 있어요. 다음 문장은 어떤 뜻으로 쓰인 것인지 번호를 적어 보세요.

1. 이 로켓은 기존의 로켓보다 추진력이 다섯 배나 강해졌다.　（　　　）

2. 일론 머스크는 추진력이 강한 사람이다.　（　　　）

3. 그는 너무 소극적이고 추진력이 약했다.　（　　　）

4. 오래된 엔진을 버리고 추진력이 강한 엔진으로 교체했다.　（　　　）

어떤 주제일까요?　　•경제　•정치　•사회　•문화　•과학　•국제　•환경　•인물

정답 1. ①, 2. ②, 3. ②, 4. ①

불빛이 좋은 게 아니었어? 날벌레가 불빛에 모이는 이유

어두운 밤, 밝게 빛나는 조명 아래 모여든 나방, 모기, 하루살이 등을 본 적이 있지요? 특히 여름날 밤이면 불빛을 보고 달려드는 날벌레들을 쉽게 볼 수 있어요. 밝은 전광판이나 가로수 조명 아래에는 언제나 날벌레들이 새까맣게 모여들지요. 이러한 특성을 이용해서 만든 **해충** 퇴치기도 있어요. 불빛으로 해충을 유인하면, 뜨거운 불이나 전기에 닿게 된 벌레는 '따닥!' 소리를 내며 죽지요.

날벌레들은 왜 불빛으로 모여드는 걸까요? 타 죽을 수도 있는 위험을 무릅쓰고 밝은 곳을 향해 돌진하는 이유는 무엇일까요? 날벌레들이 이렇게 행동하는 원인에 대해 여러 가지 가설이 있지만 아직 명확히 밝혀지진 않았어요. 과학자들은 벌레들이 태양이나 달을 **나침반** 삼아 비행하기 때문에 빛을 보고 **본능적**으로 다가간다고 주장하기도 하고, 빛의 온기가 벌레들을 끌어당긴다고 주장하기도 했지요.

그런데 최근 날벌레가 빛에 이끌려 다가가는 것이 아니라 인공 조명이 벌레들의 균형 감각을 상실하게 하여 조명 근처에 갇혀 버리게 만든다는 주장이 제기되었어요. 빛이 위쪽을 바라보는 전구 근처를 지나가던 나방, 잠자리, 초파리 등이 갑자기 몸을 뒤집어 추락하는 현상이 발견된 것이지요. 밝은 쪽을 '위'로 인지하는 곤충들이 인공 조명 때문에 위 아래 방향감각을 **상실**했고, 다시 균형을 잡기 위해 빛 주변을 맴돈다는 것이지요.

- **해충** 인간에게 피해를 주는 벌레
- **나침반** 동서남북 알려 주는 장비
- **본능적** 본능에 따라 움직이려고 하는 것
- **상실** 어떤 것이 아주 없어지거나 사라짐

기사 깊이 알아보기

1. 나방, 잠자리, 잠자리, 초파리 등이 갑자기 몸을 뒤집어 추락하는 이유가 무엇이라고 추론
했나요?

_____

_____

2. 인공조명처럼 사람들이 만든 발명품이 동식물에게 피해를 주는 것은 어떤 것들이 있을까요?

_____

_____

3. 이 글에 대한 내 생각을 한 줄로 정리해 보세요.

_____

단어 깊이 알아보기

1. 집에 ㅎ ㅊ 약을 뿌렸더니 벌레가 다 사라졌다.

2. 나는 요즘 입맛을 ㅅ ㅅ 했다.

3. 이상한 소리가 들리자 ㅂ ㄴ ㅈ 으로 몸을 움츠렸다.

4. 옛날 사람들은 길을 찾을 때 ㄴ ㅊ ㅂ 을 이용했다.

어떤 주제일까요?   · 경제 · 정치 · 사회 · 문화 · 과학 · 국제 · 환경 · 인물

정답 1. 해충, 2. 상실, 3. 본능적, 4. 나침반

양서류도 엄마 젖을 먹는다고?

강아지, 고양이 같은 동물들은 어미가 새끼에게 젖을 먹고 자라는 포유류예요. 포유류는 한자로 '먹일 포(哺)', '젖 유(乳)', '무리 류(類)'로 '새끼한테 젖을 먹여 키우는 무리'를 뜻해요. 새끼에게 젖을 먹여 키우는 것은 포유 동물만의 고유한 특징으로 여겨졌지요. 그런데 최근 남미에서 새끼에게 젖을 먹여 키우는 양서류가 발견되었어요. 브라질의 한 연구소에서는 지렁이를 닮은 '시포놉스 아눌라투스'라는 양서류를 연구하던 중, 포유류가 **모유**를 분비하는 유선과 비슷한 기관이 있다는 걸 발견했어요.

양서류는 포유류와 달리 알을 낳는 동물이에요. 일반적으로 알을 낳는 동물은 알 속에 새끼가 사용할 수 있는 영양분이 채워져 있기 때문에 모유 수유를 할 필요가 없어요. 그런데 '시포놉스 아눌라투스'는 알을 낳는 양서류임에도 **부화**한 새끼에게 모유를 먹이는 모습이 관찰되었어요. 연구 결과, 어미의 몸에서 분배된 액체는 포유류의 모유처럼 지방 **함유량**이 높고 탄수화물 또한 풍부했어요. 새끼들은 이 액체를 먹고 일주일 만에 몸이 2배로 성장했어요. 새끼들이 어미의 몸 근처에서 먹이를 요구하는 듯 고음의 소리를 내는 모습도 **포착**되었지요. 이는 기존의 동물 분류 체계에 어긋나는 아주 **이례적**인 현상이에요. 연구팀은 포유류 이외에 젖을 먹이는 동물이 발견된 것은 처음이라며 이 양서류의 모유가 언제, 어떻게, 왜 만들어졌는지 추가적인 연구가 필요하다고 말했어요.

- **모유** 어미의 젖
- **부화** 알을 깨고 새끼가 밖으로 나옴
- **함유량** 물질이 어떤 성분을 포함하고 있는 분량
- **포착** 어떤 기회나 정세를 알아차림
- **이례적** 일반적인 것에서 벗어나서 특이한 것

1. 포유류의 특징은 무엇인가요?

....

....

2. 포유 동물 중 하나를 골라 한살이 순서를 조사해 보세요

예: 갓 태어난 강아지 → 큰 강아지 → 다 자란 개

....

....

3. 이 글에 대한 내 생각을 한 줄로 정리해 보세요.

....

💡 단어 깊이 알아보기

밑줄 친 ㉠과 ㉡의 뜻과 가장 잘 어울리는 단어를 보기에서 찾아보아요.

보기	함유량	포착	부화	모유	이례적

신라를 세운 박혁거세는 ㉠**알에서 태어났어요.** 고구려를 세운 주몽도 마찬가지예요. 이처럼 나라를 세운 임금은 신성시하려는 의도로 ㉡**특이한** 탄생 설화를 가지고 있는 경우가 많아요.

㉠: ....   ㉡: ....

어떤 주제일까요?   • 경제   • 정치   • 사회   • 문화   • 과학   • 국제   • 환경   • 인물

💡 정답: ㉠ 부화, ㉡ 이례적

61

레고 블록, 이젠 친환경 플라스틱으로 만들어요

어린이들이 가장 좋아하는 장난감 중 하나로 손꼽히는 레고(Lego)는 작은 벽돌 모양의 부품을 조립하여 만드는 장난감이에요. 레고는 작은 플라스틱에 원형 기둥을 넣어 블럭끼리 단단하게 잘 끼워지는 특징이 있어요. 원형 기둥 덕분에 튼튼한 모양을 유지할 수 있고, 여러 가지 블록으로 다양하고 창의적인 모양을 만들어 낼 수 있다는 장점이 있어요. 레고는 「해리포터」, 「스파이더맨」 등 여러 애니메이션이나 영화들과 꾸준히 **협업**해 어른들에게도 인기가 많지요.

이렇게 세계 블록 장난감을 선도하고 있는 레고가 앞으로 생산하는 플라스틱 블록을 **친환경** 소재로 전환하겠다고 발표했어요. 이 결정은 레고의 주 고객인 '어린이'들이 살아가야 할 지구를 보호하고 지속 가능한 발전을 추구하기 위해서 내린 결정이에요. 친환경 블럭 개발을 위해서는 많은 비용이 들어갈 전망이지만 레고는 환경보호를 위해 회사가 부담을 **감수**할 것이라고 밝혔어요.

이에 따라 레고는 사탕수수를 **원료**로 하는 식물성 플라스틱 제품을 출시하는 등 친환경 소재를 점차 늘려가고 있어요. 레고는 앞으로 2026년까지 블록 생산량의 절반을 친환경 소재로 **대체**하고, 장기적으로는 2032년까지 모든 블록을 친환경 플라스틱으로 **전환**할 예정이에요.

- **협업** 협력하여 함께 일함
- **친환경** 자연환경을 오염하지 않고 자연 그대로의 환경과 잘 어울리는 일
- **감수하다** 외부의 영향을 받아들이다
- **원료** 어떤 물건을 만드는 데 들어가는 재료
- **대체** 다른 것으로 대신함
- **전환** 다른 방향이나 상태로 바꿈

기사 깊이 알아보기

1. 레고가 플라스틱 블록을 친환경 소재로 전환하겠다고 한 이유는 무엇인가요?

_____

2. 우리 주변에 있는 플라스틱 물체를 적어 보고, 물질의 성질을 정리해 보세요.

플라스틱으로 만든 물체	물질(플라스틱)의 성질

3. 이 글에 대한 내 생각을 한 줄로 정리해 보세요.

_____

> **tip** <물질이란?>
> 물체를 만드는 재료를 물질이라고 해요. 물질의 종류에는 나무, 금속, 고무, 플라스틱, 유리, 섬유, 가죽 등이 있어요.

단어 깊이 알아보기

1. 이 오이는 [ㅊ] [ㅎ] [ㄱ] 농법으로 재배했다.

2. 자동차 회사와 로봇 회사가 [ㅎ] [ㅇ] 을 하기로 했다.

3. 나는 위험을 [ㄱ] [ㅅ] 하고 도전하려 한다.

4. 요즘 [ㅇ] [ㄹ] 가격이 올라 물건 값이 오르고 있다.

어떤 주제일까요?   · 경제 · 정치 · 사회 · 문화 · 과학 · 국제 · 환경 · 인물

정답 1. 친환경, 2. 협업, 3. 감수, 4. 원료

백설공주와 인어공주, 피부색 논란!

애니메이션 캐릭터가 아닌 영화배우가 직접 등장하는 디즈니의 **실사판** 영화 「백설공주」가 **개봉**을 앞두고 논란에 휩싸였어요. 예고편이 공개된 후 사람들이 '좋아요'보다는 '싫어요'를 더 많이 누르며 **원작**을 훼손했다는 비판을 쏟아냈어요. 백설공주(snow white)는 이름에도 '화이트(하얗다)'가 들어가는, 눈처럼 흰 피부의 공주 캐릭터예요. 그런데 백설공주 실사판 영화에 구릿빛 피부의 라틴계 배우 레이첼 지글러가 캐스팅되었어요. 사람들은 어울리지 않는 캐스팅이라며 실망감을 드러냈어요.

디즈니가 실사 영화에서 **유색인종**을 캐스팅해 논란이 된 것은 처음이 아니에요. 2023년에 개봉된 실사 영화 「인어공주」에서도 흑인 배우를 주인공으로 캐스팅해 논란이 되었어요. 「인어공주」의 원작 애니메이션에서 주인공 에리얼은 빨간 머리의 백인 소녀로 묘사되었어요. 그런데 실사 영화 속 인어공주는 **레게 머리**의 흑인 소녀였어요. 어릴 적 「인어공주」의 추억을 기대했던 관객들은 실망감을 감추지 못했고, 결국 「인어공주」는 **흥행**에 실패하고 말았어요. 그동안 백인 위주의 캐릭터를 만들어왔던 디즈니는 최근 들어 다양성 정책을 펼치며 흑인, 아시아인 등 다양한 인종을 적극 캐스팅하고 있어요. 그러나 디즈니가 다양성 존중이라는 원칙만 내세우다가 오랜 세월 동안 사랑받아 온 원작 캐릭터를 훼손했다는 지적이 잇따르고 있어요.

- **실사판** 만화나 애니메이션 등을 실제 사람이나 동물이 등장하는 것으로 바꾼 드라마나 영화
- **개봉** 영화를 처음 상영하는 것
- **원작** 다른 매체로 각색되기 이전의 작품
- **유색인종** 백인을 제외한 모든 인종을 이르는 말
- **레게 머리** 머리 다발을 가느다란 새끼 모양으로, 여러 갈래로 꼰 머리
- **흥행** 상업적으로 큰 이익을 거둠

기사 깊이 알아보기

1. 「백설공주」와 「인어공주」 실사 영화가 논란이 된 이유는 무엇인가요?

....

2. 디즈니 실사 영화 캐스팅 논란에 대한 나의 생각을 적어 보세요.

....

....

단어 깊이 알아보기

보기에서 단어를 골라 문장을 완성해 보세요.

보기	유색인종	개봉	레게 머리	흥행

1. 오랫동안 기대해 왔던 영화가 이번 주 금요일에 (   )한다.

2. 새로 전학 온 친구는 (   )를 하고 있어 멋져 보였다.

3. 그 학교는 다양한 (   )의 친구들이 함께 공부한다.

4. 그 영화는 (   )에 성공해서 속편이 제작될 예정이다.

여기서 잠깐, 상식 노트

블랙 워싱

인종적 다양성을 추구하기 위해 작품에 유색인종을 억지로 등장시키거나 원작에서 백인 역할을 흑인 배역으로 바꾸는 것을 말해요.

어떤 주제일까요?   ·경제 ·정치 ·사회 ·문화 ·과학 ·국제 ·환경 ·인물

정답 1. 개봉, 2. 레게 머리, 3. 유색인종, 4. 흥행

프로야구, 역대 최다 관중!

　2024년 한국 프로 야구가 사상 처음으로 관중 1천만 명을 돌파했어요. 1982년 프로야구가 **출범**한 지 42년 만에 세운 기록이에요. 이렇게 프로야구가 큰 인기를 누릴 수 있었던 배경에는 각 구단의 치열한 순위 경쟁이 있었어요. **정규 시즌**이 끝날 때까지 순위가 엎치락뒤치락하면서 팽팽한 긴장감이 유지되었어요. 또한 이번 시즌은 유독 **대기록**이 쏟아져 볼거리가 많았어요.

　KIA 타이거즈의 김도영 선수는 최연소 30홈런-30도루를 달성했고, SSG 랜더스 최정 선수는 올시즌 홈런 37개, 통산 홈런 495개로 한국 야구 최다 홈런 기록 보유자로 등극했어요. NC 다이노스의 손아섭 선수와 KIA 타이거즈 양현종 선수도 각각 통산 최다 안타, 최다 탈삼진 보유자로 **등극**하기도 했어요.

　야구 경기와 관련된 영상들이 SNS에 퍼져 나간 것도 KBO 리그 흥행을 고조시켰어요. 특히 KIA 타이거즈의 응원 춤 '삐끼삐끼 춤' 영상은 미국 등 해외로 퍼져 나가 조회수 1억 뷰를 돌파하며 **신드롬**을 일으켰어요. 야구 경기장의 즐거운 응원 문화를 직접 즐기고 싶어하는 젊은 팬들과 여성 팬들이 대거 **유입**되면서 야구장 티켓 구하기가 '하늘의 별 따기'가 되었어요. 이제 야구장은 단순히 경기를 보는 곳이 아닌 볼거리, 먹거리를 한 번에 즐길 수 있는 종합 오락 공간이 되었다는 평가를 받고 있어요.

- **출범** 단체가 새로 조직되어 일을 시작함
- **정규 시즌** 프로 스포츠에서, 공식 경기가 진행되는 기간
- **대기록** 대단히 세우기 어려운 기록
- **등극** 어떤 분야에서 가장 높은 자리나 지위에 오름
- **신드롬** 어떤 것을 좋아하는 현상이 전염병과 같이 전체를 휩쓸게 되는 현상
- **유입** 사람이나 돈, 물건 등이 흘러 들어옴

1. 올해 프로야구가 인기를 끌게 된 이유 두 가지를 써 보세요.

---

2. 내가 좋아하는 스포츠를 직접 관람하거나 TV로 본 경험을 써 보세요.

---

3. 이 글에 대한 내 생각을 한 줄로 정리해 보세요.

 단어 깊이 알아보기

괄호 안에 들어갈 단어를 찾아보아요.

1. 등극 •   • ① 이 드라마는 전 세계에서 큰 (   )(를) 일으켰다.

2. 신드롬 •   • ② 그 선수는 이번 대회에서 최고의 자리에 (   )했다.

3. 유입 •   • ③ 새로운 회사가 오늘 공식적으로 (   )했다.

4. 대기록 •   • ④ 은퇴 경기에서 (   )을(를) 세워 모두를 놀라게 했다.

5. 출범 •   • ⑤ 이번 행사에 많은 사람들이 (   )되어 성공적으로 끝마쳤다.

 어떤 주제일까요?   ·경제 ·정치 ·사회 ·문화 ·과학 ·국제 ·환경 ·인물

캥거루처럼 엄마 품에 있는 청년들

성인이 된 이후에도 독립하지 않고 부모에게 얹혀사는 청년들이 빠르게 늘어나고 있어요. 조사에 따르면 우리나라 청년들 중 결혼하지 않고 부모님과 함께 사는 '캥거루족'이 절반을 넘었어요. '**캥거루족**'이란, 아기 캥거루가 엄마 캥거루 품속에 사는 것처럼 성인이 되었지만 부모님 품을 떠나지 못하는 사는 사람들을 말해요. 일자리를 찾지 못해 부모님에게 생계를 의지하는 '**백수** 캥거루족'부터 수입이 있지만 부모님의 집을 떠나지 못하는 '한집 캥거루족', 독립했다가 경제적 부담 때문에 다시 부모님 집으로 돌아오는 '리턴 캥거루족'까지 그 형태도 다양해요.

심지어 일자리가 없으면서 **구직 활동**조차 하지 않는 인구도 늘어나고 있는 **추세**예요. 캥거루족은 우리나라만의 문제가 아니에요. 미국에서도 25~34세 청년의 20퍼센트가 캥거루족이라는 통계가 있어요. 이러한 현상은 전 세계적으로로 **취업난**과 집값 상승으로 경제적 어려움에 처한 청년층이 많다는 것을 보여 줘요.

30대는 경제 주축으로 왕성한 경제활동을 해야 하는 시기예요. 이러한 30대들이 경제적으로 독립하지 못해 부모님 집에 얹혀살고, 일도 하지 않는 비중이 늘어난다는 것은 심각한 사회 문제라고 볼 수 있어요. 이러한 상황은 청년들이 결혼을 포기하게 만들고 저출산이라는 또다른 사회적 문제와 연결되기 때문이지요.

- **캥거루족** 성인이 되었지만 독립하지 않고 부모님과 함께 사는 사람들
- **백수** 직업이 없는 사람
- **구직 활동** 직업을 찾는 활동
- **추세** 어떤 현상이 일정한 방향으로 나아가는 경향
- **취업난** 일자리를 구하는 사람은 많고 일자리는 적어서 겪는 어려움

1. 기사에 나타낸 캥거루족의 형태를 구분해 보세요.

• 백수 캥거루족:

• 한집 캥거루족:

• 리턴 캥거루족:

2. 캥거루족이 심각한 사회 문제인 이유는 무엇인가요?

3. 이 글에 대한 내 생각을 한 줄로 정리해 보세요.

단어 깊이 알아보기

다음 보기에서 빈칸에 들어갈 말을 골라 쓰세요.

보기	백수	구직 활동	캥거루족

(ㅋㄱㄹㅈ)인 우리 삼촌은 일을 그만둔 뒤로 (ㄱㅈㅎㄷ)을 하지 않고 (ㅂㅅ)로 지내고 있다.

여기서 잠깐, 상식 노트

니트족(NEET)

캥거루족과 비슷한 표현으로 니트족이 있어요. 니트족(NEET: Not in Education, Employment or Training)은 직업 교육과 취업을 하지 않는 청년 무직자를 말해요.

어떤 주제일까요?

· 경제 · 정치 · 사회 · 문화 · 과학 · 국제 · 환경 · 인물

정답 캥거루족은 '사회' 분야의 기사

역사 속으로 사라지는 보신탕 문화

　우리나라에서 2027년부터는 개를 **식용**으로 먹거나 기르는 것을 금지하겠다는 법이 통과되었어요. 개를 보호하는 방향으로 나아가겠다는 의미가 담긴 이 법을 '개 식용 **종식** 특별법'이라고 해요. 현재 한국에는 약 3천 개의 개 농장이 있고, 이곳에서 약 52만 마리의 개가 있어요. 매년 약 38만 마리가 식용으로 소비되었다고 해요. 그런데 이 법이 시행되면 앞으로 개를 식용으로 기르거나 **도살**하는 일, 판매하거나 유통하는 일이 모두 금지돼요.

　그런데 법이 시행되면 식용 개를 기르던 사람들이나 판매하던 사람들이 갑자기 직업을 잃게 된다는 문제점이 있어요. 이에 따라 정부는 '개 식용 종식 위원회'를 설치해 개고기를 판매하지 못하게 된 사람들을 지원하겠다고 밝혔어요. 사업장을 폐업하게 되는 비용을 보상하고 개를 기르던 농장주들이 **전업**을 할 수 있도록 돕겠다는 것이지요.

　개 식용 문제는 그동안 찬성과 반대 의견이 팽팽하게 **대립**해 왔던 문제였어요. 개 식용에 대해 찬성하는 사람들은 닭, 돼지, 소와 같은 동물은 식용을 하는데 개만 안된다고 할 이유가 무엇이냐고 주장했었지요. 하지만 이번 법 통과로 이제 우리 사회는 개 식용을 금지하고 동물 복지를 확대하는 방향으로 나아가게 되었어요. 이 법안은 2027년부터 본격적으로 시행될 예정이에요.

- **식용** 음식으로 먹는 것, 즉 인간이 소비하기 위해 동식물을 사용하는 것
- **종식** 어떤 것의 끝이나 종료
- **도살** 동물을 죽여서 식용으로 만드는 행동
- **전업** 특정한 직업이나 분야에서 다른 직업이나 분야로 옮겨가는 것
- **대립** 서로 다른 의견이나 입장이 충돌하는 상태

1. '개 식용 종식 특별법'이란 무엇인가요?

---

2. '개 식용 종식 특별법'에 대한 나의 생각을 적어 보세요.

나는 개를 식용으로 먹는 것에 대해 (찬성 / 반대) 한다.

왜냐하면 _____

---

3. 이 글에 대한 내 생각을 한 줄로 정리해 보세요.

💡 단어 깊이 알아보기

다음 단어에 대한 뜻풀이를 찾아 바르게 선으로 이어 보세요.

1. 전업 •   • ① 서로 다른 의견이나 입장이 충돌하는 상태

2. 대립 •   • ② 특정한 직업이나 분야에서 다른 직업이나 분야로 옮겨가는 것

3. 종식 •   • ③ 동물을 죽여서 식용으로 만드는 행동

4. 도살 •   • ④ 어떤 것의 끝이나 종료

🔍 어떤 주제일까요?   •경제 •정치 •사회 •문화 •과학 •국제 •환경 •인물

💡 정답 1.② 2.① 3.④ 4.③

초저출산 시대, 대한민국이 망할 수도 있다고?

얼마 전 EBS에서 방영된 다큐멘터리 「K-인구 대기획 초저출생」에서 미국 조앤 윌리엄스 캘리포니아주립대 명예교수의 인터뷰가 화제가 되었어요. 한국의 합계 출산율을 들은 교수는 머리를 감싸 쥐며 "대한민국 완전히 망했네요."라고 말했거든요.

우리나라의 합계 출산율은 2023년에 0.72명으로 역대 최저치를 기록했어요. 경제협력개발기구(OECD) 평균의 절반도 되지 않는 수준이에요. 합계 출산율이 1명도 되지 않는 나라는 전 세계에 우리나라가 유일하지요. 이러한 출산율이라면 한국은 **소멸**되는 나라가 될 수도 있어요.

2023년 12월 2일 『뉴욕타임즈』에는 「한국은 소멸하는가」라는 칼럼이 실렸어요. 우리나라의 인구 감소가 인류 최악의 **전염병**이었던 14세기 유럽의 흑사병보다 심각한 수준이라는 것이지요. 출산율 하락으로 인한 인구 감소가 가속화되면 2067년 한국 인구는 3천 500만 명 밑으로 떨어질 수 있고 이는 노인 세대 방치 문제, 도시 **황폐화**는 물론 북한의 남침 가능성까지 높일 수 있다고 이야기했어요. 칼럼에서는 한국 **저출산**의 원인으로 극심한 입시 경쟁과 남녀 대립 등이 **거론**되었어요.

한편, 한국 은행이 내놓은 저출산 보고서에서는 집값이 2015년 수준으로 하락하면 출산율이 0.002명 늘어날 것이라고 분석했어요.

- **소멸** 사라져 없어짐
- **전염병** 전염성을 가진 병들을 통틀어 이르는 말
- **황폐화** 집, 토지 등을 거두지 않고 그냥 두어 거칠고 못 쓰게 됨
- **저출산** 사회 전체적으로 아이를 적게 낳음. 출산율이 2.1명 미만인 경우를 가리킴
- **거론** 어떤 사항을 논제로 삼아 제기하거나 논의함

1. 저출산이 계속된다면 어떤 문제가 발생할까요?

....

....

2. 출산율을 높이기 위해 어떤 정책이 필요할지 생각해 보세요.

....

....

3. 이 글에 대한 내 생각을 한 줄로 정리해 보세요.

....

💡 단어 깊이 알아보기

괄호 안에 들어갈 단어를 찾아보아요.

1. 황폐화 •　　　　　• ① 범죄는 사회에서 (　　　　)되어야 한다.

2. 소멸 •　　　　　• ② 환경오염으로 자연이 (　　　　)되었다.

3. 거론 •　　　　　• ③ 회의에서 (　　　　)된 문제를 해결하려고 노력했다.

✅ 여기서 잠깐, 상식 노트

흑사병은 14세기 유럽 인구의 3분의 1 이상을 사망하게 만든 전염병으로, 페스트라고도 불려요.
흑사병으로 1347~1351년까지 약 3년 동안 2천만 명 정도가 사망했어요.

어떤 주제일까요?　　　　•경 제 •정치 •사회 •문화 •과학 •국제 •환경 •인물

💡 정답 1.② 2.① 3.③

제 돈은 반려동물에게 줄게요

　　최근 반려동물을 진짜 가족처럼 여기는 사람들이 늘어가면서 **유산**을 애완동물에게 물려주는 경우가 점점 늘어나고 있어요. 프랑스의 명품 브랜드 디자이너 카를 라거펠트는 그가 기르던 고양이에게 120만 파운드(약 21억 원)의 유산을 남겨 화제가 되었어요. 미국의 **억만장자** 레오나 헴슬리 역시 자신의 **반려견**인 몰티즈 '트러블'에게 무려 1천 200만 달러(약 161억 원)를 남겼어요.

　　반면 자신의 손주 두 명에게는 유산을 상속하지 않았어요. 이 사실에 **격분**한 두 손자가 상속 소송을 벌이는 일까지 있었어요. 긴 소송 끝에 손자가 일부 승소하여 몰티즈 '트러블'의 상속 유산은 200만 달러로 줄었지만, 남은 여생을 호화롭게 보내기엔 충분했지요.

　　이렇게 반려동물에게 재산을 남기고 싶어하는 현상은 부자들에게만 나타나는 것이 아니에요. 영국의 한 **로펌**에 따르면, 유언장을 작성하는 사람 중 8명 중 1명은 자신의 애완동물에게 유산을 남기고 싶어 한다고 해요. 부자들은 별도의 재단이나 신탁 기관을 설립해 반려동물에게 유산을 상속하는 반면 일반인들은 본인이 사망한 후 반려동물을 맡아 줄 사람을 정해 재산을 물려주는 방식을 선택하고 있어요. 법적으로 동물인 반려동물에게 돈을 직접 상속해 줄 수는 없기 때문이지요. 그러나 일반적으로 반려동물은 사람보다 **수명**이 짧아 남은 유산은 재단이나 반려동물을 맡아 준 개인에게 돌아가는 경우가 대부분이에요.

- **유산**　사람이 죽은 후 남긴 재산이나 자산
- **억만장자**　수백억 원 이상의 재산을 가진 사람, 즉 매우 부유한 사람
- **반려견**　사람과 함께 생활하며 가족처럼 지내는 개
- **격분**　몹시 분하고 노여운 감정이 북받쳐 오름
- **로펌**　여러 변호사들이 모여서 법률 서비스를 제공하는 법률 사무소
- **수명**　생물이 살아 있는 연한

1. 내가 키우고 있는 반려동물이나, 키우고 싶은 반려동물에 대해 써 보세요.

....

....

2. 내가 가족만큼 소중하게 생각하는 사람이나 물건이 있다면 소개해 보세요.

....

....

3. 이 글에 대한 내 생각을 한 줄로 정리해 보세요.

....

💡 단어 깊이 알아보기

1. 내 | ㅂ | ㄹ | ㄱ |은 나와 함께 산책하는 것을 매우 좋아한다.

2. 할아버지께서는 돌아가시기 전에 자녀들에게 | ㅇ | ㅅ |을 남기셨다.

3. 그는 작은 사업을 시작해 이제는 | ㅇ | ㅁ | ㅈ | ㅈ |가 되었다.

4. | ㄹ | ㅍ |에서 일하는 변호사들은 많은 사건을 처리한다.

5. 과학자들은 인간의 | ㅅ | ㅁ |을 늘리기 위해 연구하고 있다.

6. 그는 친구의 배신에 | ㄱ | ㅂ |했다.

🔍 어떤 주제일까요?   •경제 •정치 •사회 •문화 •과학 •국제 •환경 •인물

💡 정답 1. 반려견, 2. 유산, 3. 억만장자, 4. 로펌, 5. 수명, 6. 실망

암탉도 화가 나면 얼굴이 빨개져요!

　　화가 나거나 부끄러울 때 얼굴이 붉어지는 경험을 해본 적이 있지요? 사람은 기분에 따라 얼굴색이 바뀌며 감정이 드러나요. 그런데 암탉도 인간처럼 얼굴을 붉히는 것으로 자신의 감정을 표현한다는 흥미로운 연구 결과가 발표되었어요. 프랑스의 한 연구팀은 동물들도 자신의 얼굴을 통해 감정을 표현할 수 있는지 알고 싶었어요. 그래서 농장에서 키운 암탉 10마리와 개인이 키운 암탉 8마리를 연구 대상으로 삼아 닭들의 행동과 표정을 촬영하고 분석했어요.

　　실험 결과, 암탉은 사람이 자신을 안아 올리거나, **위협**으로 느껴지는 큰 소리를 듣는 등 겁을 먹는 상황이 되면 얼굴이 붉어지는 것으로 확인되었어요. 또한 좋아하는 먹이를 먹기 위해 기다리는 행복한 순간에도 **흥분**을 느끼며 얼굴색이 붉어졌어요. 반면 편안하고 차분한 상황에서는 머리털을 뾰족하게 세우는 경향이 있는 것으로 나타났어요.

　　연구팀은 아직 닭이 어떻게 얼굴을 붉히는지는 정확히 알아내지 못했어요. 하지만 이번 발견을 통해 닭도 감정을 표현하는 **미묘한** 방법이 있다는 것을 발견했어요. 이번 연구 결과는 얼굴을 통한 감정 표현이 인간의 **전유물**이 아니라는 사실을 보여 줘요. 연구팀은 이 연구 결과를 통해 동물의 감정에 대해 더 많이 이해하고 암탉의 동물 **복지**를 확인할 수 있게 될 것이라고 전했어요.

- **위협** 힘으로 으르고 협박함
- **흥분** 어떤 자극을 받아 감정이 북받쳐 일어남
- **미묘하다** 뚜렷하지 않고 야릇하고 묘하다
- **전유물** 혼자 독차지하여 가지는 물건
- **복지** 행복한 삶

1. 기사의 내용으로 옳은 것에 동그라미 표하세요.

• 암탉은 위협이 느껴지는 소리를 들을 때 얼굴이 붉어진다.   (   )

• 암탉은 행복한 순간에는 얼굴색이 변하지 않는다.   (   )

• 연구 팀은 닭이 어떻게 얼굴을 붉히는지 알아냈다.   (   )

2. 나에게 동물의 마음을 들을 수 있는 능력이 있다면 어떨지 상상해서 써 보세요.

....

....

....

💡 단어 깊이 알아보기

보기에서 단어를 골라 문장을 완성해 보세요.

보기	미묘	복지	위협	전유물	흥분

1. 우리 마을에서는 어르신들을 위해 (   ) 시설을 마련했다.

2. 내가 좋아하는 가수가 무대에 나오자 너무 (   )됐다.

3. 큰 개가 갑자기 짖어서 나는 (   )을(를) 느꼈다.

4. 옛날에는 휴대폰이 어른들의 (   )(이)었지만, 지금은 우리도 쓸 수 있다.

5. 친구가 나를 보며 (   )한 미소를 지어서 무슨 뜻인지 헷갈렸다.

어떤 주제일까요?   • 경제 • 정치 • 사회 • 문화 • 과학 • 국제 • 환경 • 인물

헌혈하는 강아지, 공혈견을 아시나요?

강아지나 고양이와 같은 반려동물을 키우는 가구가 최근 550만 가구를 **돌파**한 것으로 알려졌어요. 반려동물을 가족으로 여기는 사람이 많아지면서 동물들이 치료를 받고 수술을 받는 일도 많아졌어요. 반려동물도 사람과 마찬가지로 수술이나 치료 중 심각한 출혈이 발생하면 수혈을 실시해야 하지요. 이때 피를 공급하는 동물이 바로 공혈견(개)이나 공혈묘(고양이)예요. 이러한 공혈 동물은 피를 제공하기 위한 목적으로 사용되는 동물이에요.

세계 동물 혈액은행 지침에 따르면 공혈견의 경우, 체중 20킬로그램 이상의 건강한 대형견이어야 하며, 예방접종이 완료된 상태여야 해요. 공혈견들의 피는 대략 한 달 주기로 채혈하지요. 그런데 이러한 공혈견에 대한 관리가 규제 **사각지대**에 있어 각종 잡음이 끊이지 않고 있어요. 2015년 동물 단체들과 언론에 의해 공혈견들이 **비위생적**인 환경에서 피를 뽑히고 있다는 사실이 언론에 알려진 적이 있어요. 그 이후 공혈견의 사육장 환경이 개선되기는 했지만 사육 중인 공혈견의 수, 나이 든 공혈견의 처리 방법 등에 대해서는 알려지지 않았어요.

동물 단체는 공혈견의 관리를 민간 사업체가 아닌 국가가 맡도록 법을 **제정**해야 한다고 주장하고 있어요. 또한 공혈견을 통한 동물 혈액 확보가 아닌 반려견을 통해 **헌혈**을 하는 문화를 만들어가야 한다고 이야기했어요.

- **돌파** 일정한 기준이나 기록 따위를 지나서 넘어섬
- **사각지대** 어느 위치에 섬으로써 사물이 눈으로 보이지 않는 각도라는 뜻으로 관심이나 영향이 미치지 못하는 구역을 비유적으로 이르는 말
- **비위생적** 위생에 좋지 않거나 알맞지 아니한 것
- **제정** 제도나 법률 따위를 만들어서 정함
- **헌혈** 수혈이 필요한 환자를 위하여 피를 뽑아서 기부함

기사 깊이 알아보기

1. 기사에서 공혈견이 될 수 있는 조건을 찾아 써 보세요.

---

2. 다른 강아지들을 위해 자신의 피를 제공해 주는 공혈견을 위해 어떤 복지 정책을 마련하면
좋을지 생각해 보세요.

---

3. 이 글에 대한 내 생각을 한 줄로 정리해 보세요.

단어 깊이 알아보기

괄호 안에 들어갈 단어를 찾아보아요.

1. 헌혈   •   • ① 국회는 환경오염을 규제하기 위한 법의 (   )을 추진하고 있다.

2. 제정   •   • ② 학생들이 (   ) 운동에 동참했다.

3. 비위생적 •   • ③ 그 공중화장실은 너무 (   )이었다.

여기서 잠깐, 상식 노트

헌혈은 왜 필요할까?
혈액은 수혈이 필요한 환자의 생명을 구할 수 있는 수단으로, 대체할 물질이 없고, 만들 수도 없
어요. 또 혈액은 장기 보관이 불가능해서 꾸준한 헌혈이 필요해요.

 어떤 주제일까요?   • 경제 • 정치 • 사회 • 문화 • 과학 • 국제 • 환경 • 인물

태국 동물원의 인기 스타, 아기 하마 무뎅

　에버랜드의 판다 푸바오가 우리나라에서 큰 인기를 끌었던 것처럼 태국에서는 새끼 피그미하마 '무뎅'이 큰 인기를 끌고 있어요. 피그미하마는 주로 서아프리카에 서식하는 **멸종** 위기 동물로 일반 하마보다 몸집이 작아요. 다 자라도 몸무게가 일반 하마의 8분의 1 정도인 180~280킬로그램이에요. 무뎅은 작은 몸집과 웃는 듯한 귀여운 얼굴, 사람을 잘 따르는 성격 덕분에 사람들의 사랑을 받고 있어요. "고기 완자 요리와 통통 튀는 돼지"라는 뜻의 무뎅의 이름은 2만 명이 넘게 투표해 결정한 것으로 알려졌어요.

　무뎅이 **사육사**와 놀고 장난치는 영상이 틱톡, 페이스북, 인스타그램 같은 **소셜 미디어**에 퍼져 나가면서 무뎅의 인기는 더 높아졌어요. 매끈한 피부와 오동통한 몸을 보고 무뎅의 팬이 되는 사람들이 늘어났어요. 하루 평균 800~900명이던 동물원의 방문객 수는 3천~4천 명까지 늘어났어요. 동물원에서는 무뎅을 볼 수 있는 시간을 5분으로 **제한**하기도 했지요.

　태국뿐 아니라 다른 나라에서도 무뎅을 보기 위해 동물원을 방문하는 관광객이 늘어나고 있대요. 특히 두바이의 한 사업가는 무뎅이 더 좋은 환경에서 자랄 수 있도록 동물원에 15만 달러(약 2억 원)을 기부하기도 했어요. 동물원은 무뎅의 인기를 내세운 티셔츠, 화장품 등의 **굿즈**도 팔고 있어요.

- **멸종** 생물의 한 종류가 아주 없어짐　　• **사육사** 동물을 관리하는 사람
- **소셜미디어** SNS(소셜 네트워킹 서비스)에 가입한 이용자들이 서로 정보와 의견을 공유하며 대인관계망을 넓힐 수 있는 플랫폼
- **제한** 어떤 것을 할 수 있는 범위를 정해 두고 그 이상 하지 못하게 하는 것
- **굿즈** 특정한 캐릭터나 인물을 주제로 만든 상품

 **기사 깊이 알아보기**

1. 무뎅이 사랑받고 있는 이유는 무엇인가요?

_____

_____

2. 내가 좋아하는 동물을 소개해 보세요.

• 내가 좋아하는 동물: _____

• 좋아하는 이유: _____

_____

3. 이 글에 대한 내 생각을 한 줄로 정리해 보세요.

_____

 단어 깊이 알아보기

괄호 안에 들어갈 단어를 찾아보아요.

1. 멸종   •   • ① 동물원에서 (   )는 동물들에게 필요한 먹이를 준비해 준다.

2. 사육사   •   • ② 인기 영화의 캐릭터 (   )가 출시되자마자 완판되었다.

3. 제한   •   • ③ 기후 변화로 (   ) 위험에 놓인 동물들이 늘어나고 있다.

4. 굿즈   •   • ④ 정해진 시간에만 기기를 사용하도록 인터넷 사용 시간을
                  (   )했다.

 **어떤 주제일까요?**   • 경제   • 정치   • 사회   • 문화   • 과학   • 국제   • 환경   • 인물

정답 1. ③, 2. ①, 3. ④, 4. ②

중급편

중급편에서는 다양하고 깊이 있는 사회 현상에 대하여 다루고
있어요. 우리가 살아가는 세상이 작동하는 원리인 경제
원리를 비롯한 다양한 기사들을 읽으며 배경지식을
풍부하게 쌓고 문해력을 길러 보세요.

고대 문화의 중심지가 물에 잠기고 있어요!

재미있는 이야기들로 현재까지도 많은 사람들에게 읽히는 그리스 신화는 고대 그리스인들이 만들어 낸 신들과 영웅에 대한 이야기예요. 그리스 신화에 따르면 티탄족의 여신 레토는 제우스의 아기를 임신했지만 헤라 여신의 질투로 출산할 곳을 찾지 못했어요. 아이를 낳을 곳을 찾아 헤매던 레토는 델로스 섬에서 쌍둥이 남매를 낳아요. 이렇게 태어난 아이는 태양의 신 아폴론과 달의 여신 아르테미스였어요. 이들이 태어났다고 전해지는 델로스 섬은 그리스와 터키 사이의 에게 해에 위치한 작은 섬이지요.

델로스 섬은 **기원전** 3천 년경부터 기원전 3세기까지 문화와 상업의 중심지로 **번성**했어요. 하지만 기원전 1세기 무렵 해적들의 약탈로 급속하게 **쇠락**의 길을 걸었지요. 그러나 19세기 이후 델로스 섬에서 많은 고대 유적과 유물이 발굴되면서 다시 사람들의 주목을 받기 시작했어요. 아폴론 신전을 비롯한 여러 신전과 조각, 모자이크 등의 유물을 보기 위해 매년 수많은 관광객이 찾는 곳이 되었지요.

델로스 섬은 섬 전체가 하나의 박물관이나 다름 없어 1990년 유네스코 세계 문화 유산으로 지정되기도 했어요. 이러한 델로스 섬이 이제는 **해수면** 상승으로 인해 물에 잠길 위기에 처했어요. 지구온난화로 인해 해수면이 상승하면서 바다와 인접한 유적지에 물이 들어차기 시작한 거예요. 한때 고대 **무역**의 중심지였던 델로스 섬은 이제 정말 바닷속으로 사라질지 몰라요.

- **기원전** 예수 그리스도가 태어난 해를 기원으로 하여 그 기원이 시작되기 이전을 이르는 말
- **번성** 세력을 확장하여 한창 성함
- **쇠락** 기운이나 힘 등이 줄어들어 약해짐
- **해수면** 바닷물의 표면
- **무역** 지역과 지역 사이에 물건을 사고파는 행위

기사 깊이 알아보기

1. 기사를 읽고 '지구온난화를 막자'는 내용의 제안하는 글을 써 보세요.

문제 상황	
제안하는 내용	
제안하는 까닭	

2. 제안하는 글을 쓰는 과정을 순서대로 나열하세요.

(가) 제안하는 글쓰기　　　(나) 제안하는 내용 정하기

(다) 제안하는 까닭 파악하기　　　(라) 문제 상황 확인하기

(　　　) → (　　　) → (　　　) → (　　　)

단어 깊이 알아보기

1. 청해진은 신라 시대 　ㅁ　ㅇ　의 중심지였다.

2. 고려는 귀족들이 부패하면서 　ㅅ　ㄹ　의 길을 걸었다.

3. 태풍이 올때 　ㅎ　ㅅ　ㅁ　이 낮은 지역은 물에 잠길 위험이 있다.

4. 고대 문명은 큰 강 주변에서 　ㅂ　ㅅ　했다.

어떤 주제일까요?

・경제　・정치　・사회　・문화　・과학　・국제　・환경　・인물

월세가 4억이라고?

　전국 3대 빵집으로 불리며 높은 인기를 얻고 있는 '성심당'은 대전에만 있는 빵집이에요. 성심당은 좋은 맛과 품질은 물론이고, 남은 빵을 지역 복지관에 기부하는 선행으로 많은 사랑을 받아 왔어요. 성심당은 대전에서만 운영하고 있어 성심당 빵을 먹으려면 꼭 대전을 찾아가야만 해요. 이렇게 직접 찾아가야만 먹을 수 있는 빵집들 덕분에 빵과 **성지순례**를 합성한 빵지 순례라는 신조어까지 만들어졌어요.

　그런데 최근 빵지 순례 유행을 이끈 성심당이 월세 문제로 갈등을 겪었어요. 성심당 대전역점 공간을 대여해 주고 있는 있는 코레일 유통이 4배 가량 인상된 **임대료**를 요구했기 때문이에요. 대전역사를 빌려주는 코레일 유통은 내부 규정에 따라 최소 월 매출의 17퍼센트를 수수료로 받고 있어요. 그런데 성심당의 **매출**이 높아 무려 4억이 넘는 월세를 내야 하는 상황인 것이지요. 너무 높은 월세 요구에 성심당 대전역점은 이전을 고려하겠다고 했어요.

　사람들은 대전을 대표하는 성심당이 많은 사람이 오가는 대전역에서 계속 장사를 할 수 있게 달라며 성심당의 편을 들었지요. 하지만 코레일 측에서는 다른 입점 업체와의 **형평성** 때문에 그렇게 할 수 없다는 입장이었어요. 오랜 갈등 끝에 코레일 유통이 월 임대료를 당초 제시했던 4억 4천 100만 원에서 1억 3천 300만 원으로 대폭 인하하면서 임대료 갈등은 **일단락**되었어요.

- **성지순례** 종교적인 의미가 있는 곳에 찾아가 참배하는 일
- **임대료** 계약에 따라 공간을 빌리기 위해 주인에게 주는 돈
- **매출** 가게가 상품을 팔아서 벌어들인 총 돈
- **형평성** 같은 조건에서 모든 사람이나 업체가 공정하게 대우받는 것
- **일단락** 일의 한 단계를 끝냄

📝 기사 깊이 알아보기

1. 기사의 내용으로 옳은 것에 동그라미 표하세요.

• 성심당은 전국 3대 빵집으로 불리며 전국에 체인점이 있다.　　　　(　　　　)

• 최근 성심당은 코레일과 월세 문제로 갈등을 겪었다.　　　　　　(　　　　)

• 성심당은 남은 빵을 지역 복지관에 기부하고 있다.　　　　　　　(　　　　)

2. '빵지 순례'처럼 내가 좋아하는 음식을 찾아가 먹어본 경험을 써 봅시다.

----

3. 이 글에 대한 내 생각을 한 줄로 정리해 보세요.

💡 단어 깊이 알아보기

1. 이 상가는 ㅇ ㄷ ㄹ 가 저렴해서 인기가 많다.

2. 세일 기간 동안 많은 옷이 판매되면서 ㅁ ㅊ 이 급격히 증가하였다.

3. ㅎ ㅍ ㅅ 에 맞게 모든 사람에게 똑같이 나누어 주었다.

4. 여러 가지 문제들이 해결되어 상황이 ㅇ ㄷ ㄹ 되었다.

🔍 어떤 주제일까요?

• 경제　• 정치　• 사회　• 문화　• 과학　• 국제　• 환경　• 인물

💡 정답 1. 임대료, 2. 매출, 3. 형평성, 4. 원만히

📝 정답 X, O, O

키울수록 손해, 한우 농가를 구해 주세요!

최근 도심에서 '한우 반납' 집회가 열렸어요. 한우 값이 폭락해 어려움을 겪고 있는 한우 농가들이 정부에 대책을 마련해 달라고 요구하는 집회였어요. 최근 3년 동안 한우 도매가격이 30퍼센트 이상 급락하면서 소를 키우면 키울수록 **적자**가 나는 상황이 되었어요. 한우 가격이 낮아진 이유는 한우의 수가 너무 많아진 것이 원인이에요. 한때 한우를 사 먹으려는 수요가 크게 늘면서 한우 가격이 오른 적이 있어요. 그래서 한우 농가들은 더 많은 한우를 기르기 시작했지요. 전문가들은 공급이 너무 많아지면 한우 값이 폭락할 것이라고 경고했었지만 농가들은 계속해서 **사육**하는 한우의 수를 늘렸어요.

몇 년이 지나자 한우가 너무 많아졌고 **공급 과잉**으로 가격이 폭락하기 시작했어요. 엎친 데 덮친 격으로 경제가 어려워지면서 비싼 한우를 찾는 사람들이 줄어들었어요. 물가가 상승하면서 사료값이 상승해 소를 키우는 데 드는 돈은 더욱 높아졌지요. 소 가격은 떨어지고 농가를 유지하는 비용은 높아지면서 한우 농가의 시름이 깊어가고 있어요.

더욱이 2026년 하반기부터는 수입 소고기에 대한 관세까지 사라질 예정이에요. 수입 소고기에 붙는 **관세**가 사라지면 상대적으로 비싼 한우는 찾는 사람은 더 적어질 확률이 높아요. 한우 농가는 소 값 안정화와 축산업 보호를 위해 정부의 대책을 촉구하고 있어요.

- **적자** 지출이 수입보다 많아서 손해가 생기는 상태
- **사육** 동물을 기르고 돌보는 과정
- **공급 과잉** 상품이 너무 많이 만들어져서 필요한 양보다 많이 있는 상태
- **관세** 수입되는 물건에 부과되는 세금

1. 한우 농가가 어려움을 겪고 있는 이유를 두 가지 이상 써 보세요.

---

2. 기사의 내용으로 옳은 것에 동그라미 표하세요.

• 최근 한우 도매가격이 급락해 소를 키울수록 적자가 나고 있다.　　　　(　　　)

• 수입 소고기가 들어오면 한우 가격이 안정될 전망이다.　　　　　　　(　　　)

• 한우 농가는 소 값 안정화를 위해 정부가 대책을 세워야 한다고 주장하고 있다. (　　　)

3. 이 글에 대한 내 생각을 한 줄로 정리해 보세요.

💡 단어 깊이 알아보기

밑줄 친 ㉠과 ㉡의 뜻과 가장 잘 어울리는 어휘를 보기에서 고르세요.

보기	적자	공급 과잉	사육	관세

• 회사는 ㉠지출이 수입보다 많아 손해가 생겼다.

• ㉡해외에서 들어오는 물품에 부과된 세금 때문에 가격이 올라갔다.

㉠: _____　　　　㉡: _____

 어떤 주제일까요?　　　• 경제　• 정치　• 사회　• 문화　• 과학　• 국제　• 환경　• 인물

가짜 사진에 속은 트럼프

　미국의 대통령 **선거** 운동이 한창일 때, 온라인에 유명한 팝가수 테일러 스위프트가 도널드 트럼프 후보를 **지지**하는 사진이 올라왔어요. 테일러 스위프트는 미국의 유명 가수로 테일러 스위프트 이코노미라는 신조어를 만들어 낼 만큼 인기가 많고, 영향력이 큰 사람이에요. 이렇게 높은 인기를 자랑하는 테일러 스위프트의 지지가 반가웠던 트럼프는 자신의 SNS에 해당 사진을 올렸어요. 하지만 여기에는 큰 문제가 있었어요. 그 사진은 실제 사진이 아닌 AI가 만들어 낸 가짜 사진이었던 것이었어요.

　도널드 트럼프가 올린 사진을 보고 테일러 스위프트는 '그 사진은 자신이 아니며 자신은 오히려 상대 후보인 카멀라 해리스를 지지한다'고 밝혔어요. 가짜 사진을 확인하지 않고 올린 도널드 트럼프가 공개적으로 망신을 당한 것이지요. 이번 사건처럼 **인공지능** 기술을 활용해 기존 인물의 얼굴이나 특정 부위를 합성한 영상이나 사진을 딥페이크라고 해요.

　딥페이크는 가짜임에도 불구하고 정말 실제처럼 느껴져요. 이러한 딥페이크 기술은 영화의 특수 효과에 사용하거나 역사적 인물을 생생하게 **구현**하는 등 재미나 교육적 목적으로 사용되기도 해요. 하지만 이를 **악용**하면 사람들에게 많은 혼란을 줄 수 있어요. 그렇기 때문에 출처가 불분명한 온라인에서 얻은 정보는 가짜 뉴스가 아닌지 확인을 해야 해요.

- **선거** 구성원이 스스로 의사표시를 하여 대표를 정하는 것
- **지지** 사람이나 의견에 찬성하여 이를 위해 힘씀
- **인공지능** 인간의 지능과 같은 기능을 갖춘 컴퓨터 시스템
- **구현** 구체적인 사실로 나타나게 함
- **악용** 알맞지 않게 쓰거나 나쁜 일에 씀

기사 깊이 알아보기

1. **딥페이크 기술을 긍정적으로 사용한 예를 찾아 써 보세요.**

_____

_____

_____

2. 기사의 내용으로 옳은 것에 동그라미 표하세요.

• 테일러 스위프트는 트럼프 후보를 지지한다.   (   )

• 테일러 스위프트의 사진은 딥페이크를 이용한 가짜 뉴스였다.   (   )

• 온라인에서 얻은 정보는 모두 믿을 만하다.   (   )

3. 이 글에 대한 내 생각을 한 줄로 정리해 보세요.

_____

단어 깊이 알아보기

1. 규칙을 | ㅇ | ㅇ | 하는 사람들이 있어 문제가 되고 있다.

2. | ㅇ | ㄱ | ㅈ | ㄴ | 은 빠르게 발전하고 있는 분야이다.

3. 학생 회장 | ㅅ | ㄱ | 를 위한 일정이 공지되었다.

4. 그는 팀원들의 | ㅈ | ㅈ | 를 얻어 팀의 주장이 되었다.

어떤 주제일까요?   • 경제 • 정치 • 사회 • 문화 • 과학 • 국제 • 환경 • 인물

정답 1. 어기, 2. 인공지능, 3. 선거, 4. 지지

정답 X, O, X

얼굴 없는 거리의 화가, 뱅크시는 누구?

길거리 벽면에 낙서처럼 그림을 그리는 것을 그라피티 예술이라고 해요. 주로 영국에서 활동하는 그라피티 화가 뱅크시는 도시의 벽면에 예술 작품을 그리고 사라지는 것으로 유명해요. 뱅크시는 그동안 지구촌 곳곳에 멋진 그라피티로 전쟁, 평화, 환경 보존 같은 사회 문제에 대해 강렬한 메시지를 전달해 왔어요. 예를 들어 팔레스타인과 같은 분쟁 지역 담벼락에 **화염병** 대신 꽃을 던지는 사람을 그려 넣는 식이에요.

그는 자신의 정체를 비밀로 했지만 그의 작품은 늘 많은 사람의 **이목**을 끌었어요. 뱅크시의 작품들은 많은 사람들이 볼 수 있는 건물이나 거리와 같은 공공장소에 나타난다는 독특한 특징이 있어요. 그는 사람들이 자신을 알아보기 전에 사라지기 위해서 판에다가 구멍을 뚫어 물감을 통과시키는 스텐실 기법을 사용해 그림을 그렸어요.

또한 뱅크시는 기발한 아이디어로 사람들을 놀라게 하기도 했어요. 2018년에는 뱅크시의 그림이 경매에 낙찰되자마자 그림이 **파쇄**되는 일이 있었어요. 알고 보니 뱅크시가 액자 안에 미리 파쇄기를 설치해 둔 것이었죠. 낙찰 받자마자 갈기갈기 찢긴 그림은 오히려 20배가 넘게 가격이 올랐어요. 뱅크시의 그림 가격이 천정부지로 뛰다 보니 뱅크시의 그림이 그려진 건물이 통째로 경매에 나오기도 하고 담벼락을 통째로 떼어 가는 일도 발생했어요. 뱅크시의 작품이 주목을 받을수록 그가 누구인지 궁금해하는 사람들도 많아지고 있어요.

- **화염병** 휘발유나 시너 따위의 화염제를 넣어 만든 유리병으로 시위나 전쟁에 사용된다
- **이목** 귀와 눈을 뜻하는 말로 주의나 관심을 뜻 함
- **파쇄** 깨뜨려 부숨

1. 그라피티 예술이란 무엇인가요?

2. 뱅크시의 작품의 특징을 두 가지 이상 적어 보세요.

3. 이 글에 대한 내 생각을 한 줄로 정리해 보세요.

단어 깊이 알아보기

1. 민주화 운동 때 학생들은 ㅎ ㅇ ㅂ 을 들고 격렬한 시위를 벌였다.

2. 커다란 모자를 쓰고 밖에 나갔더니 많은 사람들의 ㅇ ㅁ 이 집중되었다.

3. 개인 정보가 담긴 종이는 ㅍ ㅅ 해서 버려야 한다.

사자성어 깊이 알아보기

천정부지(하늘 천 天, 우물 정 井, 아닐 불 不, 알 지 知)
천장을 알지 못한다는 뜻으로, 물가 따위가 한없이 오르기만 함을 비유적으로 이르는 말.

어떤 주제일까요?   • 경제 • 정치 • 사회 • 문화 • 과학 • 국제 • 환경 • 인물

정답 1. 화염병, 2. 이목, 3. 파쇄

한 달 만에 등교한 친구를 위한 깜짝 파티!

　최근 한 초등학교 교실에서 촬영된 '학생을 울렸습니다'라는 제목의 영상이 많은 사람들에게 감동을 주었어요. 경북 김천시 한 학교, 6학년 이수아 학생은 다리가 크게 다쳐 큰 수술을 4번이나 받고 한 달 만에 학교에 가게 되었어요. 휠체어를 타고 다시 학교에 온 날, 오랜만에 **등교**한 수아를 반겨줄 거라 믿었던 친구들은 아무도 수아를 쳐다보지 않고 고개를 숙인 채 시험만 보고 있었어요.

　하지만 이것은 수아의 깜짝 **환영식**을 위한 반 친구들의 **연출**이었어요! 잠시 밖으로 나갔던 선생님과 친구 한 명이 케이크와 꽃다발을 들고 교실로 들어왔고, 학급 친구들은 "당신은 사랑받기 위해 태어난 사람"이라는 노래를 **개사**해서 수아의 이름을 넣어서 불러 주었고, "퇴원을 축하해."라며 박수를 보내 주었죠. 뜻밖의 이벤트에 수아는 감동의 눈물을 흘렸어요.

　선생님은 친구들에게 "수아가 학교에 오고 싶어서 오늘 힘들게 왔다."라며 "수아가 4번이나 수술을 받아 힘들었을 테니 친구들이 수아를 더 잘 도와주자."라고 **당부**했어요.

　이 사연은 선생님이 운영하는 유튜브 채널에 올라가면서 알려졌어요. 선생님은 "이번 일을 통해 아이들이 서로 도와주고 배려하는 방법을 배우고 있어 기쁘다."라고 말했어요.

- **등교** 학생이 아침에 집을 떠나 학교에 가는 것
- **환영식** 어떤 사람을 따뜻하게 맞이하고 축하해 주기 위해 준비한 특별한 행사나 모임
- **연출** 어떤 상황을 의도적으로 꾸미거나 준비하는 것
- **개사** 원래 있던 노래나 글의 가사를 바꾸어 새롭게 만드는 것
- **당부** 꼭 해야 할 일을 진지하게 부탁하는 것

1. 내 마음을 전하고 싶은 사람을 정해 편지를 써 봅시다.

tip <마음을 전하는 글을 쓰는 방법>

• 마음을 전하고 싶은 일을 떠올려 본다.
• 글에서 전하려는 마음을 생각한다.
• 마음을 잘 나타낼 수 있는 표현을 사용한다.
• 읽는 사람의 마음이 어떠할지 짐작하며 쓴다.

처음	• 안부를 묻는 말	
가운데	• 편지를 쓴 까닭 • 함께 겪은 일에 대한 자신의 생각이나 느낌 • 읽는 사람의 마음을 헤아리는 말 • 앞으로의 다짐	
끝	• 덧붙이고 싶은 말 • 끝인사 • 쓴 날짜, 글쓴이	

단어 깊이 알아보기

괄호 안에 들어갈 단어를 찾아보아요.

1. 등교 •   • ① 조명팀은 무대에 신비로운 분위기를 (   )했다.

2. 환영식 •   • ② 선생님은 학생들이 서로를 배려하기를 (   )하셨다.

3. 연출 •   • ③ 졸업식에서 졸업생을 위해 특별한 노래를 (   )해 불렀다.

4. 개사 •   • ④ 신입생을 맞이하는 (   )에서 선배들이 축하 공연을 준비했다.

5. 당부 •   • ⑤ 새 학기 첫날, 학생들은 설레는 마음으로 (   )를 시작했다.

 어떤 주제일까요?   • 경제 • 정치 • 사회 • 문화 • 과학 • 국제 • 환경 • 인물

정답 1.⑤, 2.④, 3.①, 4.③, 5.②

높아지는 김치의 인기!

　해외에서 한국의 연예인들이 인기를 얻고, 한국 문화가 관심을 받으면서 우리나라의 전통 음식인 김치의 인기도 높아지고 있어요. 한 조사에 따르면 미국으로 판매되는 한국의 김치 **수출량**이 지난해보다 약 33퍼센트나 증가했어요. 김치는 **면역력**을 높이는 데 도움이 되는 건강식품으로 알려져 있어요. 코로나19가 유행하던 시기에 김치가 면역력 **강화**에 도움이 된다는 연구 결과가 나오면서 김치에 대한 호기심이 높아졌지요.

　하지만 무엇보다 김치가 이렇게 인기를 끌게 된 것은 **K 콘텐츠**의 인기 때문이에요. 한국의 영화와 드라마가 인기를 끌면서 주인공들이 먹는 음식인 김치도 자연스럽게 주목받게 된 것이지요. 한국 아이돌 스타의 팬들도 자신이 좋아하는 가수가 김치를 먹는 모습을 보고 따라 하기도 했어요. 얼마 전에는 미국의 유명 래퍼가 SNS에 김치와 한국 음식을 먹는 사진을 올리기도 했어요.

　김치의 인기가 높아지면서 미국의 **대형 마트**와 식품 전문 매장에서도 김치를 쉽게 찾아볼 수 있게 되었어요. 이렇게 한국의 매운맛을 즐기는 사람이 늘어나면서 김치뿐 아니라 라면, 불닭볶음면과 같은 매운 음식을 먹는 것이 유행처럼 번져 나가고 있어요. 김치를 비롯한 우리나라 음식에 대한 관심이 높아지고 수출이 늘어나는 것은 우리나라 경제에 아주 반가운 소식이에요. 식품업계는 앞으로도 전 세계의 더 많은 사람들이 우리나라 음식을 즐기게 되길 기대하고 있어요.

- **수출량** 한 나라에서 다른 나라로 보내는 상품이나 물건의 양
- **면역력** 몸이 병균이나 바이러스를 물리치는 힘
- **강화** 어떤 것을 더 강하게 하거나 더 엄격하게 만든다는 뜻
- **K 콘텐츠** 한국에서 만든 영화, 드라마, 음악 등 다양한 콘텐츠
- **대형 마트** 많은 종류의 상품을 한곳에서 판매하는 큰 규모의 상점

✏️ 기사 깊이 알아보기

1. 김치 수출이 증가하고 있는 원인은 무엇인가요?

---

2. 한국 음식 중에 소개하고 싶은 음식 한 가지를 골라 소개하는 글을 써 보세요.

💡 단어 깊이 알아보기

괄호 안에 들어갈 단어를 찾아보아요.

1. 수출량 •   ① (   )이 약해지면 감기 같은 질병에 쉽게 걸릴 수 있다.

2. 면역력 •   ② (   )의 인기로 세계에 한국 문화를 알릴 기회가 많아졌다.

3. 강화 •   ③ 주말에 (   )에서 할인 행사가 열려 많은 사람들이 찾았다.

4. K 콘텐츠 •   ④ 농산물의 (   )이 증가하면서 농가 소득이 크게 늘었다.

5. 대형 마트 •   ⑤ 교통사고를 줄이기 위해 안전 규정을 한층 더 (   )하고 있다.

어떤 주제일까요?   • 경제 • 정치 • 사회 • 문화 • 과학 • 국제 • 환경 • 인물

정답 💡 1.④, 2.①, 3.⑤, 4.②, 5.③

97

물가 안정 특별 대책!
사과와 배 4만 톤이 풀려요

　설 명절을 앞두고 먹거리 물가가 역대 최고치를 경신하면서 **차례** 상을 준비하는 소비자들의 한숨이 커지고 있어요. 과일과 채소류의 가격이 크게 올라 가계 부담이 커지고 있기 때문이지요. 그중에서도 차례 상에 올라가는 과일인 사과와 배의 가격 상승이 눈에 띄어요. 작년 한 해 사과와 배 농사가 잘 되지 않아 가격이 20퍼센트 이상 상승한 것이지요.

　대표적인 설 **성수품**인 사과와 배 가격 상승으로 설 명절 **서민**들의 부담이 예상되자 정부는 명절 일주일 전 사과와 배 물량을 약 4만 톤 가량 풀겠다고 밝혔어요. 최상목 경제부총리는 "모든 국민들이 따뜻한 설 명절이 될 수 있도록 **물가** 안정과 **민생** 지원에 중점을 두고 민생 안정 대책을 마련"했다고 이야기 했어요.

　정부는 이번 설 명절에 물가 안정을 위해 사과, 배를 비롯해 소고기, 돼지고기,

밤, 대추, 명태, 배추, 무, 계란 등 16대 성수품 25만 7천 톤을 공급하고 840억 규모의 할인을 지원할 계획이에요. 각 **지자체**에서도 '물가 안정 특별 대책 기간'을 지정하여 설 명절 물가 안정을 위해 노력하고 있어요.

- **차례** 음력 매달 초하룻날, 보름날, 명절날, 조상 생일 등의 낮에 지내는 제사
- **성수품** 어떤 특별한 시기에 많이 쓰는 물품
- **서민** 경제적으로 중류 이하의 넉넉하지 못한 생활을 하는 사람. 평범한 사람들
- **물가** 물건의 가격
- **민생** 일반 국민의 생활 및 생계
- **지자체** 지방자치단체의 줄임말

1. 명절 성수품에는 어떤 것들이 있나요?

---

2. 정부에서 물가 안정을 위해 어떤 노력을 하고 있나요?

---

3. 이 글에 대한 내 생각을 한 줄로 정리해 보세요.

💡 단어 깊이 알아보기

1. 추석을 맞아 고기와 같은 ㅅ ㅅ ㅍ 의 판매가 늘었다.

2. ㅈ ㅈ ㅊ 선거에서 우리 지역의 대표를 선출할 수 있다.

3. 대통령은 앞으로 더 열심히 ㅁ ㅅ 을 돌아보겠다고 약속했다.

4. 떡볶이와 라면은 대표적인 ㅅ ㅁ 음식이다.

어떤 주제일까요?   · 경제 · 정치 · 사회 · 문화 · 과학 · 국제 · 환경 · 인물

💡 정답 1. 성수품, 2. 지자체, 3. 민생, 4. 서민

비트코인 덕분에 당선된 대통령이 있다고?

엘살바도르의 나이브 부켈레 대통령이 최근 **비트코인** 덕분에 재선에 성공했어요. 비트코인은 물리적인 형태가 없는 온라인 속 **가상 화폐**예요. 블록체인이라는 기술을 바탕으로 한 비트코인이 기존의 화폐를 대체할 수 있다고 생각하는 사람들이 많아지면서 가격이 많이 올랐어요. 나이브 부켈레 대통령은 2021년에 비트코인을 **법정 화폐**로 채택했어요. 법정 화폐란 정부가 공식적으로 돈으로 인정한 화폐를 말해요. 비트코인을 법정 화폐로 채택하면서 엘살바도르는 많은 비트코인을 보유하게 되었어요.

그런데 최근 비트코인 가격이 크게 오르면서 엘살바도르는 많은 수익을 얻었어요. 비트코인에 투자한 덕분에 나라의 재정이 나아지자 나이브 부켈레 대통령은 국민들의 높은 지지를 받게 되었어요. 임기가 끝나 **재선**에 도전한 그는 선거에서 85퍼센트 이상의 표를 얻어 대통령에 다시 당선되었어요.

부켈레 대통령은 앞으로도 비트코인을 계속 지원할 계획이라며 "우리가 비트코인을 매입했을 때 비판이 많았지만, 이제 큰 이익을 보고 있다."라며 자랑스러워했어요. 하지만 국제통화기금(IMF)은 비트코인은 아직 불완전한 자산이기 때문에 비트코인을 축소할 것을 **권유**했어요.

- **비트코인** 지폐나 동전과 달리 손으로 잡히지 않는 가상 화폐의 종류 중 하나
- **가상 화폐** 물리적인 형태가 없이 전자적으로만 존재하는 돈
- **법정 화폐** 정부가 공식적으로 돈으로 인정한 화폐
- **재선** 같은 직위나 직책에 다시 선출되는 것
- **권유** 어떤 일을 하도록 권함

 **기사 깊이 알아보기**

1. 비트코인이란 무엇인가요?

---

2. 기사의 내용으로 옳은 것에 동그라미 표하세요.

• 비트코인은 블록체인이라는 기술을 바탕으로 만들어진 화폐이다.   (   )

• 최근 비트코인의 가격이 올라 엘살바도르의 재정이 나아졌다.   (   )

• 국제통화기금(IMF)도 비트코인 사용을 권장하고 있다.   (   )

단어 깊이 알아보기

엘살바도르의 화폐 제도를 다음의 그림에 나타내어 보세요.

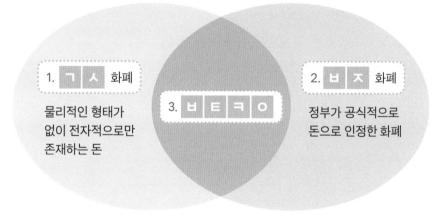

1. ㄱ ㅅ 화폐
물리적인 형태가
없이 전자적으로만
존재하는 돈

3. ㅂ ㅌ ㅋ ㅇ

2. ㅂ ㅈ 화폐
정부가 공식적으로
돈으로 인정한 화폐

 **어떤 주제일까요?**   • 경제   • 정치   • 사회   • 문화   • 과학   • 국제   • 환경   • 인물

늘어나는 택배, 힘들어지는 택배 기사

코로나19 팬데믹 이후 **비대면** 소비가 일상화되면서 지난해 국민 1인당 택배 이용 건수가 100건을 돌파한 것으로 나타났어요. 하루가 365일인 것을 생각하면 3~4일에 한 번 택배를 받는 것이지요. 이렇게 국민들의 택배 이용이 늘어난 이유는 온라인 쇼핑 업체들의 성장으로 배송 경쟁이 **치열**해졌기 때문이에요.

알리, 테무 등의 중국 온라인 쇼핑몰 업체들도 **초저가** 제품을 내세우며 국내에 진출했고, 국내 쇼핑몰들도 더 빠른 배송을 앞세워 고객 유치 경쟁에 나서고 있어요. 물건을 주문한 다음 날 받을 수 있는 **익일** 배송에서 다음 날 아침 일찍 받을 수 있는 새벽 배송으로 빨라지더니 이제는 물건을 구매한 당일 받아 볼 수 있는 당일 배송까지 확대되었어요. 이렇게 경쟁이 치열해지면서 택배 1건당 평균 가격은 10년 전보다 오히려 저렴해지고 있어요.

택배 노동자들은 업체 간 경쟁으로 업무는 과중해졌지만 수입은 나아지지 않고 있다며 문제를 제기했어요. 한 업체에서는 심야 배송 업무를 하던 중 **과로**로 숨진 배송 기사의 사망이 **산업재해**로 공식 인정되기도 했어요. 택배 노동자들은 노동자의 과중한 업무와 열악한 처우 문제를 개선하도록 정부와 국회가 적극적으로 개입해 달라고 요청했지요.

- **비대면** 직접 만나지 않거나 서로 얼굴을 마주 보고 대하지 않음
- **치열** 기세나 세력 따위가 불길처럼 맹렬함
- **초저가** 대단히 저렴한 값
- **익일** 다음 날, 내일
- **과로** 몸이 고달플 정도로 지나치게 일함
- **산업재해** 업무상의 사유로 발생하는 사고 때문에 근로자에게 생긴 신체상의 재해

기사 깊이 알아보기

1. 최근에 택배를 시켜 본 경험이 있나요? 무엇을 샀는지 적어
보세요.

----

2. 택배 경쟁이 심해지면서 어떤 문제들이 나타나고 있나요?

----

3. 이 글에 대한 내 생각을 한 줄로 정리해 보세요.

 단어 깊이 알아보기

단어의 뜻을 올바르게 이어 보세요.

1. 비대면 •   • ① 대단히 저렴한 값

2. 초저가 •   • ② 직접 만나지 않거나 서로 얼굴을 마주 보고 대하지 않음

3. 치열 •   • ③ 몸이 고달플 정도로 지나치게 일함

4. 익일 •   • ④ 다음 날, 내일

5. 과로 •   • ⑤ 기세나 세력 따위가 불길같이 맹렬함

 어떤 주제일까요?   • 경제 • 정치 • 사회 • 문화 • 과학 • 국제 • 환경 • 인물

민간인이 첫 우주유영에 성공했어요!

세계 최초로 민간인 우주**유영**을 수행한 '폴라리스 던(Polaris Dawn)' 팀이 우주 비행을 마치고 성공적으로 지구로 **귀환**했어요. 폴라리스 던은 미국의 **억만장자** 재러드 아이작먼이 이끈 우주 비행 프로젝트예요.

4명으로 구성된 폴라리스 던 팀은 2024년 9월 10일 발사된 스페이스X의 우주 캡슐 '드래건'을 타고 지구 궤도를 6번 이상 돌고 1천 400킬로미터 높이까지 올라갔어요. 이는 1972년 미국의 아폴로 달 탐사 이후 **인류**가 우주에서 도달한 가장 높은 지점이에요. 폴라리스 던 팀의 아이작먼과 세라 실리스 두 사람은 우주선 밖으로 나와 **무중력** 상태로 활동하는 우주유영에도 성공했어요. 미국항공우주국(NASA) 등 정부 기관에 소속된 전문 우주비행사가 아닌 민간인의 우주유영은 이번이 처음이에요.

이들은 우주선 밖으로 신체의 일부를 내놓은 채 스페이스X의 새로운 우주복을 시험하기도 했어요. 아이작먼과 함께 폴라리스 던 임무를 계획한 스페이스X의 일론 머스크 최고경영자(CEO)는 생중계 화면을 공유하며 민간인 최초의 우주유영을 축하했어요. 이번 도전은 우주 비행 경험이 전혀 없는 민간인이 우주유영에 도전했다는 점에서 의미가 있어요. 이번 성공으로 우주 관광에 대한 가능성이 열리고 있어요.

- **유영** 이리저리 떠돌아다니는 것
- **귀환** 떠나 있던 사람이 본래 있던 곳으로 돌아오거나 돌아감
- **억만장자** 헤아리기 어려울 만큼 많은 재산을 가진 사람
- **인류** 동물과 구별되는 사람
- **무중력** 중력이 없는 것처럼 느끼는 상태

1. 기사의 내용으로 옳은 것에 동그라미 표하세요.

• 폴라리스 던은 재러드 아이작먼이 이끄는 우주 비행 프로젝트이다.　　　　(　　　)

• 폴라리스 팀 전원은 우주유영에 성공했다.　　　　(　　　)

• 이번 우주유영은 첫 민간인 우주유영이었다.　　　　(　　　)

2. 내가 만약 우주 여행을 하게 된다면 어떨까요? 우주에서 지구를 바라보면 어떤 느낌이 들 것 같은지 상상하는 글쓰기를 해 봅시다.

----

3. 이 글에 대한 내 생각을 한 줄로 정리해 보세요.

단어 깊이 알아보기

1. 우주비행사가 무사히 지구로 　ㄱ　ㅎ　했다.

2. 물고기들이 바다 속을 자유롭게 　ㅇ　ㅇ　하는 모습이 멋있다.

3. 　ㅇ　ㄹ　는 오랜 시간 동안 지구에서 살아왔다.

4. 그 사람은 새로운 발명품 덕문에 　ㅇ　ㅁ　ㅈ　ㅈ　가 되었다.

5. 우주에서는 　ㅁ　ㅈ　ㄹ　상태라서 사람이 둥둥 떠다닌다.

정답 1. 귀환, 2. 유영, 3. 인류, 4. 억만장자, 5. 무중력

정답 O, X, O

해녀를 지키는 법을 만들어요

바닷속에 산소 공급 장치 없이 들어가 해삼, 전복, 미역을 따는 것을 직업으로 삼는 사람들을 해녀라고 해요. 해녀는 전 세계적으로 우리나라와 일본 밖에는 없는 직업으로 알려져 있어요. 우리나라에서는 제주도에서 해녀를 흔히 볼 수 있었어요. 그런데 요즘은 해녀가 되려는 사람들이 없어 점점 해녀들의 수가 줄어들고 있는 추세예요. 이 때문에 사라져 가는 전통 어업인 해녀를 보호하자는 법안이 **발의**되었어요.

법안에는 해녀들이 하는 전통적인 **어업**을 '해녀 어업 유산'이라고 부르며, 이를 보호하고 지키기 위해 국가와 지방정부가 힘써야 한다는 내용이 들어 있어요. 이 법에 따르면 해양수산부 장관은 해녀 어업의 **현황**을 조사하고, 5년마다 이를 보호하기 위한 계획을 세워야 해요. 또 국가와 지방 정부는 해녀들에게 해녀 수당을 줄 수 있어요. 해녀 수당은 해녀들이 더 안정적으로 생활할 수 있도록 돕는 돈이에요. 특히, 40세 미만의 젊은 해녀들에게는 어촌에 **정착**할 수 있도록 지원금도 지급할 수 있게 되었어요. 또 이 법에는 해녀들이 아플 때 진료비를 지원받을 수 있는 내용도 포함되어 있어요.

이 법안이 통과되면 해녀들의 전통을 이어가기 위해서 젊은 해녀를 키우기 위한 체계적인 교육 프로그램이 만들어질 것으로 기대돼요. 이 법을 대표 발의한 위성곤 의원은 "100년 뒤에도 제주 바다에서 해녀들이 **숨비 소리**를 낼 수 있도록, 국가 차원의 체계적인 지원이 필요하다."라고 말했어요.

- **발의** 회의에서 심의할 내용을 내 놓음
- **어업** 바다, 강, 호수 등에서 물고기, 해산물 등을 잡거나 키우는 일
- **현황** 현재의 상태나 상황
- **정착** 새로운 곳에 자리를 잡고 생활을 시작하는 것
- **숨비 소리** 해녀들이 물속에서 숨을 참았다가 물 위로 나올 때 내는 숨소리

1. 이번에 발의된 해녀를 보호하기 위한 법안에 들어 있는 내용을 세 가지 적어 보세요.

----

2. 어촌의 특징을 정리해 보세요.

어촌이란?	사람들이 주로 어업을 하며 바닷가에 자리잡은 촌락이다.
어촌에서 볼 수 있는 자연 환경	
어촌에서 생활하는 사람들이 주로 하는 생산 활동	

💡 단어 깊이 알아보기

보기에서 단어를 골라 문장을 완성해 보세요.

| 보기 | 정착 | 어업 | 숨비 소리 |

바닷가 마을에 (   )하여 살아가는 주민들은 (   )을 하며 바다에서 들려오는 해녀들의 (   )를 일상처럼 듣습니다.

🔍 어떤 주제일까요? · 경제 · 정치 · 사회 · 문화 · 과학 · 국제 · 환경 · 인물

정답 환경, 아하, 문제 이거

필리핀 육아 도우미 찬반 논란

    최근 맞벌이 가정이 늘어나면서 **가사**와 **육아**에서 도움을 원하는 가정이 늘어 났어요. 그런데 국내에 육아 도우미가 부족하자 서울시에서는 필리핀 가사 관리사 시범 사업을 시작했어요. 돌봄 자격증이 있는 필리핀 육아 도우미들이 한국의 필 요한 가정에 **배치**되어 육아를 돕는 정책이에요. 필리핀 육아 도우미들이 하는 일은 주로 12세 이하 **연령**의 아이들을 돌보는 일이에요. 6시간 이상 일하는 경우에는 아 이와 관련된 간단한 청소와 빨래도 할 수 있어요. 하루 4시간 기준으로는 월 119만 원, 하루 8시간 풀타임으로 일하면 238만 원으로 책정되었어요.

    시범 사업이 시작되었지만 이에 대한 우려와 잡음이 끊이지 않고 있어요. 홍콩 이나 싱가포르의 경우, 월 100만 원 정도면 필리핀 가사 노동자나 육아 도우미를 쓸 수 있는데, 우리나라에서는 외국인에게도 최저임금이 적용되어 200만 원이 넘 는 돈을 주면서도 육아 이외에 가사는 부탁하지 못한다는 것이 문제가 되었어요. 높은 비용 때문에 돌봄 비용을 낮춰 저출산을 극복하겠다는 취지와 멀어졌다는 지 적이 나오고 있어요. 일반적인 맞벌이 부부를 위한 정책이 아닌 영어를 사용할 수 있는 필리핀 육아 도우미를 원하는 상류층 사교육 서비스가 아니냐는 것이지요.

    한편, 누리꾼 사이에서는 필리핀 도우미를 도입할 것이 아니라 부모가 육아휴직을 사용해 자기 아이를 직접 키울 수 있는 사회적 분위기를 만들어 달라는 의견이 지지를 받고 있어요.

- **가사** 청소, 빨래, 요리, 설거지 등 집을 관리하고 깨끗하게 유지하는 집안일
- **육아** 아기를 키우고 돌보는 것
- **배치** 어떤 사람이나 물건을 적당한 자리에 놓거나 보내는 것
- **연령** 나이나 그에 따른 나이대

 기사 깊이 알아보기

1. 필리핀 가사 관리사 시범 사업이란 무엇인가요?

....

....

2. 내가 집에서 도울 수 있는 집안일을 적어 보세요.

....

....

3. 이 글에 대한 내 생각을 한 줄로 정리해 보세요.

....

단어 깊이 알아보기

1. 주말에는 온 가족이 함께 ㄱ ㅅ 를 나누어 한다.

2. ㅇ ㅇ 를 하면서 부모는 아이의 성장 과정을 함께 경험한다.

3. 방에 물건을 효율적으로 ㅂ ㅊ 하니 방이 더 넓어 보인다.

4. 영화 관람은 ㅇ ㄹ 에 맞는 등급을 확인하고 해야 한다.

어떤 주제일까요?   · 경제   · 정치   · 사회   · 문화   · 과학   · 국제   · 환경   · 인물

정답 1. 가사, 2. 육아, 3. 배치, 4. 연령

한국 사람 없는 한국 아이돌

우리나라 대중음악을 뜻하는 K-팝(pop)은 이제 전 세계에서 사랑받는 음악이 되었어요. 특히 BTS, 블랙핑크와 같은 아이돌 가수들이 큰 인기를 얻게 되면서 우리나라 아이돌 **육성** 방식에 대한 관심이 커지고 있어요. 한국의 아이돌 멤버들은 대체로 어린 나이에 선발되어 체계적으로 춤과 노래를 배우는 '연습생' 시절을 거쳐요. 이러한 오랜 연습 기간을 통해 아이돌들은 무대 위에서 '칼**군무**'로 불리는 정교한 안무와 화려한 퍼포먼스를 선보일 수 있어요. 또한 특유의 중독성 있는 **후렴구**와 통통 튀는 스타일링이 더해지는 것이 K-팝의 특징이에요.

K-팝이 하나의 독보적인 장르로 자리 잡으면서 가요계에서는 K-팝의 세계화를 꾀하는 시도들이 계속되고 있어요. 초기 K-팝 아이돌은 모든 멤버들이 한국 사람이었지만, 이제는 아예 한국인이 없는 K-팝 그룹이 시도되고 있어요. JYP엔터테인먼트에서는 일본 현지인으로만 구성한 니쥬를 **데뷔**시켰고, SM엔터테인먼트에서는 영국인으로만 구성된 디어 앨리스의 데뷔를 준비하고 있어요. 멤버들은 모두 외국인이지만 K-팝 아이돌 육성 공식에 따라 기획됐다는 공통점이 있어요. 일각에서는 K-팝에서 한국인이 빠진 것은 김 없는 김밥 아니냐는 반응을 보이기도 했어요. 하지만 흑인 음악 장르인 힙합과 알앤비(R&B) 장르가 세계 여러 나라에서 불려지듯이 K-팝도 하나의 음악 장르로 자리 잡기 위해서는 멤버를 한국인으로 **국한**해서는 안된다고 보고 있어요.

- **육성** 길러 자라게 함
- **군무** 여러 사람이 무리를 지어 춤을 춤
- **후렴구** 노래에서 되풀이되는 부분
- **데뷔** 일정한 활동 분야에 처음으로 등장함
- **국한** 범위를 일정한 부분에 한정함

1. K-팝의 특징은 무엇인가요?

---

2. 한국인 없는 K-팝 가수에 대한 나의 생각을 적어 보세요.

💡 단어 깊이 알아보기

1. 아이돌 그룹이 멋진 ㄱ ㅁ 를 추면서 노래를 불렀어.

2. 이 노래는 ㅎ ㄹ ㄱ 가 반복되어 따라 부르기 쉬워.

3. 이 문제는 특정한 지역이나 상황에 ㄱ ㅎ 돼 있어.

4. 학생들의 인성을 바르게 ㅇ ㅅ 하는 것이 중요해.

5. 그 배우는 이번 영화로 드디어 ㄷ ㅂ 했어.

🔍 어떤 주제일까요?　　·경제　·정치　·사회　·문화　·과학　·국제　·환경　·인물

음식물 쓰레기 재활용, 대한민국을 본받으세요!

우리나라에서는 20년 전부터 음식물 쓰레기 **매립**을 법으로 금지했어요. 그리고 일반 쓰레기와 분리 배출을 **의무화**했어요. 그리고 각 가정이나 식당에서 나온 음식물 쓰레기를 모아 재활용하고 있지요. 우리나라의 음식물 쓰레기 재활용율은 98퍼센트에 달해요. 모아진 음식물 쓰레기는 동물의 먹이, 식물의 퇴비, 바이오 가스 등으로 사용되고 있어요. 이러한 우리나라의 음식물 쓰레기 처리 방식이 미국의 일간지 『워싱턴 포스트』에 소개되며 **극찬**을 받고 있어요. 미국은 음식물 쓰레기 재활용률이 40퍼센트에 불과해요. 나머지는 땅에 매립해요. 이는 땅을 오염시키고 지구온난화를 부채질하는 온실가스를 생성하지요.

외신 『워싱턴 포스트』는 "한국은 전국적인 음식물 쓰레기 처리 시스템을 갖춘 전 세계에서 몇 안 되는 국가 중 하나"라면서 다른 나라에서도 이러한 점을 본받아야 한다고 말했어요. 또한 한국에서 이렇게 높은 음식 쓰레기 재활용이 가능한 이유는 **종량제** 시스템 덕분이라고 분석했어요. 우리나라는 쓰레기 종량제를 실시해 정부가 판매하는 쓰레기 봉투에 음식 쓰레기, 일반 쓰레기를 분리해서 버려야 해요. 종량제 봉투를 직접 구매해야 하기 때문에 봉투를 아끼기 위해 쓰레기의 양도 줄이게 된다는 장점이 있어요. 이는 우리나라가 좁은 국토 면적과 높은 **인구밀도** 때문에 매립지 마련이 어려워 쓰레기 처리 정책을 일찍부터 마련하고 노력한 결과이지요.

- **매립** 땅에 묻는 것
- **의무화** 반드시 해야 하는 것으로 만듦
- **극찬** 매우 칭찬
- **외신** 신문사, 방송사를 포함한 외국의 언론
- **종량제** 물품의 무게나 길이, 용량에 따라 세금이나 이용 요금을 매기는 제도
- **인구밀도** 일정한 지역의 단위 면적에 대한 인구 수의 비율

기사 깊이 알아보기

1. 기사의 내용으로 옳은 것에 동그라미 표하세요.

• 음식물 쓰레기는 동물의 먹이나 식물의 퇴비로 재활용되고 있다.   (   )

• 미국이 우리나라보다 음식물 쓰레기를 잘 처리하고 있다.   (   )

• 우리나라는 음식 쓰레기, 일반 쓰레기를 정해진 봉투에 넣어 버려야 한다.   (   )

2. 음식물 쓰레기를 줄일 수 있는 방법을 써 보세요.

---

3. 이 글에 대한 내 생각을 한 줄로 정리해 보세요.

단어 깊이 알아보기

1. 내 작품이 전시되어 평론가들로부터 ㄱ ㅊ 을(를) 받고 있다.

2. 해안 지역의 ㅁ ㄹ 은(는) 법률로 엄격하게 규제된다.

3. 이 영화는 ㅇ ㅅ (으)로부터 뜨거운 호평을 받았다.

4. 고속도로에서 자동차 내 뒷좌석 안전벨트 착용이 ㅇ ㅁ ㅎ 되었다.

5. 세계에서 ㅇ ㄱ ㅁ ㄷ 이(가) 가장 높은 국가는 모나코다.

· 경제 · 정치 · 사회 · 문화 · 과학 · 국제 · 환경 · 인물

다이아몬드, 이제 실험실에서 만들어요

　다이아몬드는 광채가 매우 아름답고 형태가 변하지 않아 예로부터 귀하게 여겨져 온 보석이에요. 순수한 탄소로 만들어진 다이아몬드는 지구상에 존재하는 천연 광물 중 가장 단단하며, 지하에서 오랜 시간 매우 높은 온도와 압력을 받아야만 만들어지기 때문에 **희소성**이 높은 원석이에요. 그런데 최근 과학 기술의 발달로 랩그로운 다이아몬드가 생산되면서 천연 다이아몬드 시장이 흔들리고 있어요.

　랩그로운 다이아몬드는 실험실에서 **인공적**으로 만들어진 다이아몬드인데, 천연 다이아몬드와 성분이 동일해요. 인공적으로 탄소에 열과 압력을 가해 500시간 정도면 1캐럿의 원석을 만들 수 있어요. 수백만 년이 걸리는 생산과정이 획기적으로 줄어든 거예요. 반면 가격은 천연 다이아몬드의 5분의 1 수준으로 저렴해서 소비자들의 뜨거운 관심을 받고 있어요.

　업계에서는 랩그로운 다이아몬드 시장이 더욱 커질 것으로 보고 있어요. 가격이 저렴한 것은 물론이고 생산과정이 친환경적이고 **윤리적**이기 때문이에요. 그동안 천연 다이아몬드를 채굴하려면 많은 양의 물이 필요하고 환경 오염을 유발하는 물질이 발생했어요. 원석을 캐기 위해 무분별하게 광산을 개발하고 노동력을 **착취**한다는 논란도 있었지요. 그런데 랩그로운 다이아몬드는 환경 오염 물질이 거의 배출되지 않고, 지구를 파헤칠 필요도 없어요. 이러한 이유로 랩그로운 다이아몬드는 윤리적 소비를 중요하게 생각하는 소비자들의 마음까지 사로잡고 있어요.

- **희소성** 인간의 물질적 욕구에 비해 그 충족 수단이 부족한 상태
- **인공적** 사람의 힘으로 만든 것
- **윤리적** 사람으로서 마땅히 행하거나 지켜야 할 도리를 따르는 것
- **착취** 생산자로부터 노동의 성과를 무상으로 취득함

1. 다이아몬드의 특징을 적어 보세요.

_____

_____

2. 랩그로운 다이아몬드의 장점을 적어 보세요.

_____

_____

3. 이 글에 대한 내 생각을 한 줄로 정리해 보세요.

_____

단어 깊이 알아보기

다음 보기에서 가장 어울리는 단어를 찾아 써 보세요.

보기	인공적	희소성	윤리적

1. 이 신발은 우리나라에 20켤레밖에 없는 한정판 제품이다.   (   )

2. 이 호수는 자연적으로 만들어진 것이 아닌 물을 퍼다 만든 호수이다.   (   )

3. 이 커피는 아동 노동을 착취하지 않고 정당한 대가를 지불한 제품이다.   (   )

어떤 주제일까요?   •경제 •정치 •사회 •문화 •과학 •국제 •환경 •인물

정답 1. 희소성 2. 인공적 3. 윤리적

달 크레이터 이름이 남병철이라고요?

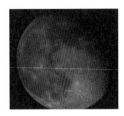

밤하늘의 달을 자세히 보면 울퉁불퉁하고 얼룩덜룩한 모습을 관찰할 수 있어요. 이러한 모양은 달 표면의 크레이터 때문이에요. 크레이터란 달이 만들어질 때 일어난 화산 활동이나 달에 운석이 충돌하면서 생긴 큰 구덩이 모양의 지형을 말해요. 천문학자들은 이러한 크레이터를 연구하며 각 충돌구에 이름을 붙여 주고 있어요. 그런데 최근 우리나라 경희대 우주탐사학과 연구팀이 국제 협력을 통해 발견한 달 뒷면의 충돌구에 한국인의 이름을 **부여**했어요. 연구팀은 크레이터가 달의 '뒷면'에 위치한다는 것에서 **착안**해 지금까지 사람들에게 많이 알려지지 않은 남병철을 떠올렸어요.

남병철은 조선 시대의 **천문학**을 크게 발전시킨 인물로 평가받고 있어요. 그가 만든 '남병철 혼천의'라는 **천체 관측** 장치는 기존의 기구보다 훨씬 개선된 도구였어요. 혼천의는 지구, 태양, 달, 별의 움직임을 관찰하는 데 사용하는 도구인데, 남병철은 이를 더욱 정확하게 사용할 수 있도록 만들었어요. 각종 천문의기 제작법과 사용법을 정리한 『의기집설』을 집필하기도 했지요. 이렇게 추천된 '남병철 크레이터'의 이름은 국제 천문연맹의 심사를 거쳐 2024년 8월 14일 최종적으로 승인되었어요. 달 표면에 우리말 지명이 붙는 것은 이번이 처음이에요.

- **부여** 가치나 권리를 지니도록 해 줌
- **착안** 어떤 문제를 해결하기 위한 실마리를 잡음
- **천문학** 우주에 대해 연구하는 학문
- **천체** 우주에 존재하는 모든 물체를 이르는 말
- **관측** 상태나 변화를 관찰하여 측정하는 일

1. 크레이터에 더 유명한 사람이 아닌 남병철의 이름을 붙인 이유는 무엇인가요?

- -

- -

2. 남병철은 어떤 인물인가요?

- -

- -

3. 이 글을 대한 내 생각을 한 줄로 정리해 보세요.

- -

💡 단어 깊이 알아보기

다음 밑줄 친 단어의 의미가 다른 것을 골라보세요.

1. 그 회사는 직원들에게 보너스를 **부여**했다.

2. 장학금을 **부여**받은 학생들은 우수한 성적의 학생들이다.

3. **부여**는 백제의 수도였던 지역으로 많은 유적지와 유물이 남아 있다.

4. 정부는 새로운 법안을 통해 시민들에게 추가 혜택을 **부여**할 계획이다.

어떤 주제일까요?   • 경제 • 정치 • 사회 • 문화 • 과학 • 국제 • 환경 • 인물

정답 3 💡

상급편

상급편에서는 그동안 쌓인 배경지식을 바탕으로 논리력까지
길러 볼 수 있도록 구성했어요. 내 경험과 생각을 바탕으로
기사에 대한 의견을 떠올려 보세요. 나는 왜 그렇게
생각하는지 내 의견에 대한 근거를 생각하다 보면
논리력도 쑥쑥 자라날 거예요.

한강, 한국 최초로 노벨 문학상 수상!

　소설가 한강이 2024 노벨 문학상을 수상했어요. 한국인이 노벨상을 수상한 것은 지난 2000년 노벨 평화상을 탄 고(故) 김대중 전 대통령에 이어 두 번째예요. 이번 한강 작가의 노벨 문학상 수상은 한국 최초이자 아시아 여성 작가로 최초 수상이에요. 한강 작가는 1970년에 태어나 연세대학교 **국문과**를 졸업했고, 주요 작품으로는 『검은 사슴』, 『채식주의자』, 『소년이 온다』 등이 있어요. 이후 한강 작가는 만해문학상, 황순원문학상, 이상문학상, 김유정 문학상 등 다수의 권위 있는 문학상을 수상하며 국내에서 소설가로서 입지를 다졌고, 해외에서도 줄곧 **호평**을 받아 왔어요.

　노벨 수상자를 발표하는 스웨덴 한림원에서는 한강 작가가 강렬한 시적 **산문**을 써 냈다고 말했어요. 특히 그가 역사적 **트라우마**에 맞섰다고 소개했는데 5.18민주화운동과 제주4.3사건 등 우리나라의 역사의 아픈 상처를 문학적으로 승화해 냈다는 평가를 받았어요. 외신들은 한강의 노벨상 수상은 점점 커지고 있는 한국 문화의 국제적 **위상**을 반영한다고 보도했어요. 한강 작가의 노벨 문학상 수상 소식이 전해지자 많은 국민들은 노벨 문학상을 받은 작가의 소설을 모국어로 읽을 수 있다며 감격했어요. 대형 서점 사이트에서는 한강 작가의 책 주문이 폭주하면서 사이트가 마비되는 혼란이 빚어지기도 했어요.

- **국문과** 대학에서 우리말과 글, 우리 문학에 대하여 연구하는 학과
- **호평** 좋게 평함
- **산문** 운율이나 음절의 수 등에 얽매이지 않고 자유롭게 쓴 글
- **트라우마** 재해나 사고를 당한 뒤에 생기는 비정상적인 심리적 반응
- **위상** 어떤 사물이 다른 사물과의 관계 속에서 가지는 위치나 상태

기사 깊이 알아보기

1. 한강 작가의 작품에는 어떤 것들이 있나요?

....

2. 한강 작가의 노벨 문학상 수상을 축하하는 편지를 써 봅시다.

3. 이 글을 대한 내 생각을 한 줄로 정리해 보세요.

....

 단어 깊이 알아보기

1. 나는 책 읽는 것을 좋아해서 ㄱ ㅁ ㄱ 에 진학하고 싶다.

2. 그 영화배우는 이번 작품에서 연기로 ㅎ ㅍ 을 받았다.

3. 이모는 교통사고를 당한 후 ㅌ ㄹ ㅇ ㅁ 로 운전을 하지 못했다.

4. 일기는 ㅅ ㅁ 의 한 종류이다.

 어떤 주제일까요?   · 경제 · 정치 · 사회 · 문화 · 과학 · 국제 · 환경 · 인물

정답 1. 도서관, 2. 호평, 3. 트라우마, 4. 산문

121

이제는 도슨트도 AI 시대!

미술관이나 박물관에서 관람객들에게 **전시물**을 설명해 주시는 분들을 도슨트 (docent) 라고 불러요. 도슨트는 '가르치다'라는 뜻을 가진 라틴어 도세르(docere) 에서 유래한 단어로, 전시 작품을 설명해 주는 안내인을 말해요. 도슨트는 전시하는 작품에 대한 **해박한** 지식을 바탕으로 관람객의 감상을 도와주는 역할을 해요.

'아는 만큼 보인다.'는 말처럼 작품에 대한 배경지식을 쌓고 작품을 감상하면 더욱 깊고 즐겁게 작품을 이해할 수 있어요. 그래서 도슨트들은 작품의 역사적 배경, 작품의 의미, 작가에 대한 설명과 **비하인드 스토리** 등을 재미있게 설명해 주며 관람객의 이해를 높이고 더 흥미롭게 전시를 감상하게 해 줘요.

최근 전시회가 다양해지고 전시회를 즐기는 사람들도 많아지면서 도슨트의 설명을 듣고 싶어 하는 사람들이 늘어나고 있어요. 이러한 요구에 발맞춰 도슨트 대신 도슨트 역할을 하는 AI 로봇을 설치한 전시장도 늘어나고 있어요.

미술관이나 박물관에 방문하면 도슨트를 만날 수 있지만 운영 시간이 제한 적인 경우가 많아요. 그래서 더 많은 시간대에 도슨트를 만나고 싶어 하는 관람객들이 많았어요. 이러한 관람객의 **요구**에 발맞춰 AI 로봇을 설치한 전시장도 늘어나고 있는 거예요. AI를 통해 관람객들은 더욱 편리하게 도슨트의 설명을 듣고 전시를 감상할 수 있게 되었어요.

- **전시물** 전시하여 놓은 물품
- **해박한** 여러 방면으로 학식이 넓다
- **비하인드 스토리** 어떤 일에 얽힌, 알려지지 아니한 이야기
- **요구** 받아야 할 것을 필요에 의하여 달라고 청함

1. 도슨트란 무엇인가요?

2.내가 소개하고 싶은 미술 작품 한 가지를 골라 도슨트처럼 소개해 보세요.

3.이 글을 대한 내 생각을 한 줄로 정리해 보세요.

💡 단어 깊이 알아보기

1. 우리 아빠는 로봇에 대한 | ㅎ | ㅂ | ㅎ | 지식을 가지고 계시다.

2. 영화를 만들 때 있었던 | ㅂ | ㅎ | ㅇ | ㄷ | ㅅ | ㅌ | ㄹ |를 들으니 참 재미있었다.

3. 미술관 유리 막 안에 | ㅈ | ㅅ | ㅁ |이 화려하게 전시되어 있었다.

🔍 어떤 주제일까요?   •경제 •정치 •사회 •문화 •과학 •국제 •환경 •인물

세계 최초 청각장애 아이돌 그룹, 빅오션

　한국에서 세계 최초 청각장애 아이돌 그룹이 탄생했어요. '빅오션'은 멤버 전원이 **청각장애인**으로 이루어진 3인조 그룹으로, 제 44회 장애인의 날이었던 2024년 4월 20일에 데뷔했어요. 그룹명인 '빅오션'(Big Ocean)에는 '세상을 크게 놀라게 한다'는 뜻과 '바다와 같은 잠재력을 가지고 전 세계로 뻗어나가겠다'는 포부가 담겨 있어요.

　빅오션의 멤버들은 음악을 듣기 위해 소리를 전기 자극으로 바꿔 뇌로 보내는 **인공 와우**와 소리를 크게 들리도록 돕는 **보청기**의 도움을 받았어요. 고음역 등 일부 부족한 부분은 자신의 목소리를 학습시킨 AI의 도움을 받아 노래를 완성했지요. 안무 연습을 할 때는 손목에 진동 **메트로놈**을 차고 박자를 맞췄어요. 안무에는 수어를 사용하기도 했어요.

　그들의 연습 과정이 담긴 영상에는 세계 각국 팬들의 응원 댓글이 달렸어요. 1세대 대표 그룹 H.O.T.의 곡 '빛'을 리메이크하며 활동을 시작한 빅오션은 여러 무대에서 **종횡무진** 활약하고 있어요. 빅오션을 키워 낸 파라스타엔터테인먼트는 '장애인을 위한 연예기획사'를 모토로 장애를 위한 트레이닝 방식을 개발하고 발전시키며 K-팝 산업에 또 다른 기적을 만들어 내고 있어요. 빅오션 멤버들은 자신들의 음악을 통해 장애에 대한 인식이 개선되기를 바란다고 말했어요.

- **청각장애인** 듣는 감각에 이상이 생겨 소리를 듣지 못하는 사람
- **인공 와우** 들을 수 없는 사람에게 인공 달팽이관을 통해 소리를 전달하는 장치로 쓰임
- **보청기** 청력이 약해 들리지 않는 것을 보강하는 기구
- **메트로놈** 일정한 박자를 알려 주는 기구
- **종횡무진** 자유자재로 행동하여 거침이 없는 상태

기사 깊이 알아보기

1. 빅오션은 어떤 그룹인가요? 빅오션에 대해 소개하는 글을 써 보세요.

....

2. 편견 없는 사회를 위해 우리가 할 수 있는 일을 적어 보세요.

....

단어 깊이 알아보기

예문의 초성을 참고하여 괄호 안에 알맞은 단어를 써 보아요.

1. ( ): 일정한 박자를 알려 주는 기구

    예문: 피아노 연습할 때 박자를 맞추려고 (ㅁㅌㄹㄴ)을(를) 사용한다.

2. ( ): 청력이 약해 들리지 않는 것을 보강하는 기구

    예문: 할아버지는 (ㄴㅊㄱ)를 끼고 소리를 더 잘 들으신다.

3. ( ): 자유자재로 행동하여 거침이 없는 상태

    예문: 강아지가 공원을 (ㅈㅎㅁㅈ) 뛰어다녔다.

4. ( ): 들을 수 없는 사람에게 인공 달팽이관으로 소리를 전달하는 장치

    예문: (ㅇㄱㅇㅇ)를 사용하면 청각장애인이 소리를 들을 수 있다.

여기서 잠깐, 상식 노트

청각 장애가 있는 사람들이 손과 손가락의 모양, 손바닥의 방향, 손의 위치, 손의 움직임을 달리하여 의미를 전달하는 언어를 수화 또는 수어라고 해요.

 어떤 주제일까요?   · 경제 · 정치 · 사회 · 문화 · 과학 · 국제 · 환경 · 인물

정답: 1. 메트로놈, 2. 보청기, 3. 종횡무진, 4. 인공 와우

125

무인 편의점, 절도로 골머리

　　요즘 상점 안에 사람이 없고, 손님이 직접 키오스크에서 물건을 결제하는 **무인 점포**가 늘어나고 있어요. 사람이 없는 무인 점포의 특성상 **절도** 사건이 많이 일어나 주인이 **곤경**을 겪고 있어요. 반대로 절도가 아닌데 절도로 오인하는 사례도 있어요. 최근 한 무인 점포에서는 여중생을 도둑으로 오해해 그 학생의 얼굴을 가게 안에 붙였다가 무인 점포 주인이 고소를 당하는 일이 발생했어요.

　　이 학생은 무인 가게에서 샌드위치를 구매하고 스마트폰으로 잘 결제했지만, 주인은 결제가 되지 않은 것으로 착각했어요. 화가 난 주인은 학생의 얼굴 사진을 모자이크 없이 종이로 출력해 가게에 붙였어요. 사진 밑에는 "결제하는 척하다 그냥 가져간 여자 분"이라는 문구도 써 놓았어요. 뒤늦게 이 사실을 알게 된 학생의 부모님은 딸이 절도범으로 오해를 받고 얼굴이 공개되어 **명예**가 **훼손**되었다며 무인 점포 주인을 경찰에 신고했어요. 가게 주인은 자신의 실수를 인정하고 사과하고 싶다는 마음을 전했지만 학생의 부모님은 딸이 도둑으로 몰린 것에 너무 큰 충격을 받았다며 처벌을 원한다는 의사를 밝혔어요.

　　한편 무인 점포에서 절도가 의심되는 사건이 일어나더라도 손님 얼굴을 함부로 공개하면 명예훼손으로 형사 처벌을 받을 수 있어요. 실제로 지난 3월, 한 무인 문구점 주인은 결제를 안 했다고 오해한 초등학생의 사진을 공개했다가 벌금을 물었어요. 무인 가게의 주인들은 손님의 얼굴을 공개하는 것이 심각한 문제가 될 수 있다는 점을 유의해야 해요.

- **무인 점포** 사람이 직접 계산을 돕지 않고, 손님이 스스로 결제하고 물건을 가져가는 가게
- **절도** 다른 사람의 물건을 허락 없이 가져가는 것
- **곤경** 어려운 상황이나 힘든 처지
- **명예** 사람의 이름이나 평판을 좋게 만드는 사회적 평가
- **훼손** 어떤 것을 해쳐서 원래 상태를 망가뜨리거나 손상시키는 것

1. 무인 점포 주인이 고소를 당한 이유는 무엇인가요?

2. 일상 생활에서 법을 준수하는 태도가 필요한 이유를 써 보세요.

• 법을 준수하면 자신의 [ㄱ][ㄹ] 뿐 아니라 다른 사람의 [ㄱ][ㄹ] 도 지킬 수 있다.

• 법을 준수하는 태도를 가지면 [ㅇ][ㅈ][ㅎ] 사회를 만들 수 있다.

3. 이 글을 대한 내 생각을 한 줄로 정리해 보세요.

💡 단어 깊이 알아보기

밑줄 친 ㉠과 ㉡의 뜻과 가장 잘 어울리는 어휘를 보기에서 고르세요.

보기	곤경	명예	훼손	무인 점포	절도

• 길을 잃은 등산객은 물과 식량이 떨어져 ㉠**매우 힘든 처지**에 빠졌다.

• 무분별한 개발로 인해 산림 지역의 자연 환경이 ㉡**심하게 망가졌다.**

㉠: _____   ㉡: _____

🔍 어떤 주제일까요?   • 경제   • 정치   • 사회   • 문화   • 과학   • 국제   • 환경   • 인물

한국 드라마 본 죄로 처벌된 북한 학생들

　북한에서 10대 소녀들이 한국 드라마를 봤다는 이유로 법적 처벌을 받는 영상이 공개되었어요. 이 영상은 북한 주민들에게 우리나라의 영상물을 보지 못하도록 교육하기 위해 만들어졌어요. 남북이 분단된 이후 북한은 1948~1994년까지 김일성이 다스렸어요. 김일성이 사망한 후에는 김일성의 아들인 김정은이 북한의 최고 지도자가 되었어요. 2011년에 김정일이 사망한 후에는 그의 아들 김정은이 권력을 이어받아 3대째 **세습** 정치를 하고 있어요. 이 과정에서 북한은 **폐쇄적**인 정치 운영으로 경제 사정이 악화되었어요.

　반면 우리나라는 경제 성장을 거듭하며 전 세계에 K-팝, K-드라마를 유행시키는 나라가 되었어요. 북한 당국은 북한 주민들에게 남한의 여유로운 경제 사정이 알려지고 한국 문화를 동경하는 주민들이 생기면 자신들의 체제를 유지하는 데 어려움이 있을 것으로 보고 **단속**을 강화하고 있어요.

　통일부는 최근 「2024 북한 인권 보고서」를 작성해 공개했어요. 이 보고서는 탈북민들의 **증언**을 인용하여 북한 주민들이 어떤 대우를 받고 있는지, 얼마나 심각한 인권 **유린**을 당하고 있는지를 포함하고 있어요. 보고서에 따르면 북한은 외부 정보로부터 주민들을 차단하고 자신들의 통제를 벗어나면 **가혹한** 처벌을 하고 있어요.

- **세습** 한집안의 재산이나 신분, 직업 따위를 대대로 물려주고 물려받음
- **폐쇄적** 외부와 통하거나 교류하지 않는 것
- **단속** 규칙이나 법령, 명령 따위를 지키도록 통제함
- **증언** 증인으로서 사실을 이야기함
- **유린** 남의 권리나 인격을 짓밟음
- **가혹한** 몹시 모질고 혹독한

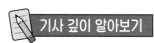

1. 북한이 주민들에게 우리나라 영상을 보지 못하게 하는 이유는 무엇인가요?

_____

_____

2. 인권에 대한 설명으로 알맞은 것에 동그라미 표시하세요.

① 모든 사람이 인간다운 삶을 살기 위해 당연히 누려야 할 기본 권리로 모든 사람이

다르게 / 동등하게 누려야 한다.

② 태어나면서 모든 사람에게 자연적 / 선택적 으로 주어지며 누구도 함부로 빼앗을 수 없다.

3. 이 글을 대한 내 생각을 한 줄로 정리해 보세요.

_____

 단어 깊이 알아보기

다음의 단어 중 반대되는 단어를 찾아보세요.

개	유	린	온	증	속
방	생	과	허	화	폭
적	로	용	습	의	한

1. 폐쇄적 ↔ (   )

2. 단속 ↔ (   )

3. 가혹한 ↔ (   )

어떤 주제일까요?   · 경제 · 정치 · 사회 · 문화 · 과학 · 국제 · 환경 · 인물

정답 1. 개방적 2. 허용 3. 온화한

정답 ① 동등하게 ② 자연적

범죄 처벌 연령, 낮춰야 할까?

　우리나라에서 최근 딥페이크 범죄가 사회적 문제로 떠오르면서 청소년들의 범죄에 대한 처벌 연령을 낮추는 **논의**가 활발히 진행되고 있어요. 딥페이크란 인공지능 기술을 이용해 사람의 얼굴이나 목소리를 다른 사람처럼 바꿔서 만든 영상을 말해요. 최근 이 기술을 나쁜 목적으로 사용하는 범죄가 증가하고 있어요. 그런데 경찰에 따르면 이 딥페이크 범죄 **피의자** 중 80퍼센트가 10대였고, 이 중 20퍼센트는 형사처벌을 받지 않는 '촉법소년'이에요.

　우리나라 법에서는 미성년자 중 범죄를 저지른 소년범을 10세 미만의 범법 소년, 10세 이상 14세 미만의 촉법소년, 14세 이상 19세 미만의 범죄 소년으로 구분해요. 10세 미만의 범법 소년의 경우 너무 어리기 때문에 범죄를 저질러도 처벌이나 **보호처분**을 하지 않아요. 14세 미만의 촉법소년도 처벌 없이 보호처분만 받지요. 그래서 딥페이크 범죄를 저지른 촉법소년들은 처벌을 받지 않게 되는 것이지요. 그런데 딥페이크와 같은 나쁜 범죄를 저지르고도 나이가 어리다는 이유로 처벌을 받지 않는 것은 잘못되었다는 목소리가 나오고 있어요.

　청소년 범죄가 갈수록 많아지기에 촉법소년에 해당하는 나이를 낮추자는 것이지요. 현재의 촉법소년의 연령 기준은 약 70년 전인 1953년에 정해졌어요. 그런데 요즘 청소년들은 그때보다 더 **성숙**해졌기 때문에 처벌을 해야 한다는 거예요. 하지만 일부 사람들은 처벌을 강화하는 것만이 청소년 범죄를 줄이는 방법은 아니라고 이야기하고 있어요.

- **논의** 어떤 주제에 대해 사람들끼리 의견을 나누는 것
- **피의자** 범죄를 저질렀다고 의심받는 사람
- **보호처분** 청소년이 범죄를 저질렀을 때 형벌 대신에 도움이나 지도를 받는 것.
- **성숙** 몸과 마음이 자라서 어른스럽게 됨

기사 깊이 알아보기

1. 우리나라 법에서 말하는 촉법소년의 기준은 무엇인가요?

----

2. 촉법소년 연령 하향에 대한 나의 생각을 적어 보세요.

----

3. 이 글을 대한 내 생각을 한 줄로 정리해 보세요.

단어 깊이 알아보기

보기에서 단어를 골라 문장을 완성해 보세요.

보기	논의	피의자	보호처분

촉법소년이 일으킨 범죄 사건은 (   )가 아직 성숙하지 않은 점이 고려되어,
(   )이 적절한지 (   )가 필요하다.

어떤 주제일까요?　　·경제　·정치　·사회　·문화　·과학　·국제　·환경　·인물

흑인도 아빠 있어요, 인종차별 부른 광고

　미국의 한 대형 식품 업체에서 영국 런던 일대 지하철 역에 설치한 광고로 인해 인종 차별 논란에 휩싸였어요. 해당 광고는 흑인 신부가 결혼식 날 웨딩드레스를 입고 포크로 파스타를 집어 드는 장면을 담고 있어요. 흰 드레스에 소스가 묻는 것을 개의치 않을 만큼 맛있다는 것을 표현하기 위한 광고였어요.

　그런데 문제는 사진에 묘사된 신랑 신부의 가족이었어요. 사진에서 백인 신랑 측은 부모가 모두 있었지만, 흑인 신부 측은 아버지가 없는 **편모 가정**으로 묘사된 것이지요. 영미권에서는 흑인 어린이들은 편모 가정에서 자라는 경우가 많다는 부정적인 **편견**이 있는데 이러한 **선입견**이 광고에 반영된 것 같다는 항의가 쏟아졌어요.

　누리꾼들은 "흑인 소녀들에게도 아빠가 있다.", "흑인 아버지만을 지운 것은 인종 차별적이다."라며 광고를 **질타**했어요. 논란이 커지자 이 식품 업체는 앞으로 이런 일이 없도록 주의하겠다며 공식적으로 사과의 뜻을 전했어요. 한편, 해외에서는 이와 같은 인종차별을 심각한 인권침해 행위로 보고 엄격히 금지하고 있어요. 특히 얼굴을 검게 칠하는 '블랙 페이스'는 흑인을 **희화화**하는 **몰상식**한 행동으로 여겨져요.

- **편모 가정** 아버지가 죽거나 부모가 이혼하여 어머니 홀로 자녀를 데리고 사는 가정
- **편견** 한쪽으로 치우친 공정하지 못한 생각이나 견해
- **선입견** 어떤 사람이나 사물 또는 주의나 주장에 대하여 직접 경험하지 않은 상태에서 미리 마음속에 굳어진 견해
- **질타** 잘못한 일에 대해 큰소리로 꾸짖음
- **희화화** 어떤 사물이나 사람이 과장되거나 우스꽝스럽게 묘사됨
- **몰상식** 상식이 전혀 없음

 **기사 깊이 알아보기**

1. 기사 속 광고에 항의가 쏟아진 이유는 무엇인가요?

....

....

2. 편견이나 선입견이 나쁜 이유는 무엇일까요?

....

....

3. 이 글을 대한 내 생각을 한 줄로 정리해 보세요.

....

 **단어 깊이 알아보기**

다음 단어에 대한 뜻풀이를 찾아 바르게 선으로 이어 보세요.

1. 편모 가정 •   • ① 어떤 사물이나 사람이 과장되거나 우스꽝스럽게 묘사됨

2. 몰상식 •   • ② 잘못한 일에 대해 큰소리로 꾸짖음.

3. 희화화 •   • ③ 어머니 홀로 자녀를 데리고 사는 가정

4. 질타 •   • ④ 상식이 전혀 없음

어떤 주제일까요?   • 경제 • 정치 • 사회 • 문화 • 과학 • 국제 • 환경 • 인물

정답 1.③, 2.④, 3.①, 4.②

걸어서 우리나라 한 바퀴!

제주도의 올레길에 대해 들어본 적이 있나요? 올레길은 제주도의 해안, **오름**, 마을 길을 연결한 437킬로미터의 산책로예요. 올레길을 따라 걸으면 제주도 섬을 크게 한 바퀴 돌면서 제주도의 아름다움을 감상할 수 있어요. 올레길은 여러 구간으로 나뉘어진 덕에 원하는 만큼만 걸을 수 있고, 등산보다 어렵지 않아 **남녀노소** 누구나 즐겁게 올레길을 걸을 수 있어요. 그래서 2007년 개장 이후 1천만 명이 넘는 국내외 관광객이 방문하며 지역 경제를 활성화시키고 있지요.

이러한 제주도의 올레길처럼 우리나라 국토를 한 바퀴 돌 수 있는 '코리아 둘레길'이 완성되었어요. **둘레길**을 따라 걸으면 대한민국 국토를 중단 없이 크게 한 바퀴 돌 수 있어요. 15년 만에 완성된 '코리아 둘레길'은 294개의 코스로 이루어져 있고 전체 길이가 무려 4천 500킬로미터에 달해요. 제주 올레길의 10배가 넘는 거리이지요. 하루 8시간씩 걸어도 100일이 넘게 걸리는 **장거리** 산책 코스예요.

'코리아 둘레길'은 동해안의 해파랑길, 남해안의 남파랑길, 서해안의 서파랑길과 비무장지대(DMZ) 평화의 길을 연결하고 있어요. 우리나라 국토의 동서남북을 모두 연결하고 있지만 올레길처럼 원하는 구간만 걸을 수도 있어요. 정부는 코리아 둘레길과 각 지역의 **관광자원**을 연결해 여행 코스로 개발할 계획이에요.

- **오름** '산'의 제주도 방언
- **남녀노소** 남자와 여자, 늙은이와 젊은이란 뜻으로, 모든 사람을 이르는 말
- **둘레길** 산이나 호수, 섬 등의 둘레에 산책할 수 있도록 만든 길
- **장거리** 시간이 꽤 걸리는 먼 거리
- **관광자원** 관광객을 끌어모을 수 있는 관광 대상물

1. 코리아 둘레길이란 무엇인가요?

_____

_____

2. 우리 지역의 관광자원을 한 곳 골라 소개하는 글을 써 보세요.

_____

_____

_____

3. 이 글을 대한 내 생각을 한 줄로 정리해 보세요.

_____

단어 깊이 알아보기

보기의 단어 중 빈칸에 들어갈 알맞은 단어를 차례로 넣어 보세요.

보기	관광자원	장거리	남녀노소

오름은 (   ) 모두가 즐길 수 있는 아름다운 (   )으로, (   )

걷기 여행을 계획하는 이들에게 매력적인 목적지입니다.

어떤 주제일까요?　　・경제　・정치　・사회　・문화　・과학　・국제　・환경　・인물

정답 여행자를 위한 관광자원, 오름따라

135

학교 폭력, 절대 안 돼요!

　최근 대세 배우나 가수들이 예전에 학교 폭력을 저질렀다는 **의혹**이 연달아 제기되면서 연예계에서 학교 폭력이 커다란 이슈로 떠올랐어요. 과거 학교폭력은 어린 시절의 철없는 장난 정도로 **치부되기도** 했어요. 그러나 학교 폭력이 심각한 폭력 행위이자 용서 받을 수 없는 잘못이라는 사실에 **공감대**가 형성되면서 사람들의 인식이 달라지기 시작했어요.

　이러한 인식의 변화에 따라 학창 시절에 폭력을 저지른 연예인들이 큰 비난을 받고 있어요. 과거에 친구들을 괴롭혔던 일이 사실로 밝혀진 일부 연예인들은 참여하고 있던 작품이나 팀에서 하차하는 등 연예계 활동에 제한을 받고 있어요. 많은 사람들이 학폭 연예인들이 방송계에서 **퇴출**되어 학교 폭력에 대한 경각심을 갖게 해야 한다고 생각하기 때문이에요.

　한편, 학교 폭력에 대한 관심이 높아지면서 교육부는 2026학년도 대학 **입시**부터 학교 폭력 가해 학생에 대한 조치 사항을 모든 입시 전형에 의무적으로 반영하겠다고 밝혔어요. 서울 상위권 대학들은 학교 폭력을 저지른 학생의 지원을 제한하거나 감점 처리할 방침이에요. 가장 가벼운 처분인 서면 사과도 감점을 받기 때문에 재학 중 학교폭력을 저지르면 사실상 상위권 대학 입학이 불가능해져요. 교육부는 이러한 조치가 학생들에게 학교 폭력의 심각성을 인식시키고, 폭력을 예방하는 데 **기여**할 것이라고 기대하고 있어요.

- **의혹** 의심하여 수상히 여김
- **치부되다** 마음속으로 그러하다고 생각되거나 여겨지다
- **공감대** 서로 공감하는 부분
- **퇴출** 물러나서 나감
- **입시** 입학생을 선발하기 위하여 입학 지원자들에게 치르도록 하는 시험
- **기여** 도움이 되도록 함

1. 학교 폭력을 저지르면 입시에서 어떤 불이익을 받게 되나요?

----

2. 학교 폭력을 예방하기 위한 방법을 써 봅시다.

💡 단어 깊이 알아보기

뜻과 반대되는 단어를 보기에서 찾아보세요.

보기	공감대	기여	의혹	퇴출

1. 신뢰   - (   )

2. 의견 충돌 - (   )

3. 방해   - (   )

4. 포함   - (   )

📋 여기서 잠깐, 상식 노트

학교 폭력에 대한 처분은 경중에 따라 1호~9호로 구분하고 있어요. 1호는 서면 사과, 2호는 접촉·협박·보복 금지, 3호는 학교 봉사, 4호는 사회 봉사, 5호는 특별 교육 이수 또는 심리 치료, 6호는 출석 정지, 7호는 학급 교체, 8호는 강제 전학, 9호는 퇴학으로 나뉘어요.

어떤 주제일까요?   ·경제 ·정치 ·사회 ·문화 ·과학 ·국제 ·환경 ·인물

💡 정답 1. 의혹, 2. 공감대, 3. 기여, 4. 퇴출

드론으로 말벌 잡는다

　　최근 도심에서 말벌의 개체 수가 많이 증가하고 있어요. 말벌의 말벌에서 '말'은 '크다'는 뜻을 가지고 있어요. 즉 큰 벌이라는 뜻이지요. 말벌은 독성도 매우 강해서 쏘일 경우 사망할 수도 있어요. 그런데 요즘 동남아에서 유입된 외래 **해충**인 '등검은말벌'로 인한 피해가 심각해요. 등검은말벌은 꿀벌을 잡아먹어 **양봉 농가**에 피해를 주고 있어요. 그래서 119구조대에게 벌집을 제거해 달라는 신고도 늘어나고 있어요.

　　등검은말벌은 10미터가 넘는 높이에 집을 짓기 때문에 이를 제거하려면 위험한 높이까지 올라가야 해요. 또한 말벌의 벌집을 건드리면 공격을 받을 수 있어 보호복을 입고 **화염방사기**를 사용해 제거해야 해요. 벌집 제거는 여름에 가장 힘들고 위험해요. 여름철은 말벌의 번식기라 독성이 가장 강하고 폭염 속에서 두꺼운 보호복을 입고 있으면 **탈진**할 수도 있기 때문이에요.

　　이 문제를 해결하기 위해 현직 119 대원이 벌집 제거용 드론을 개발했어요. 이근출 소방관은 **사비**를 들여 안전하게 벌집을 제거하는 방법을 연구했어요. 이근출 소방관이 개발한 드론은 10층 높이까지 비행할 수 있고, 분무기 형태의 살충제를 말벌 집에 뿌려 벌집을 제거해요. 정지 비행을 하며 살충제를 분사하는 기술로 특허까지 획득했어요. 벌집 제거용 드론은 말벌로 인한 피해를 줄이고, 소방관들의 위험 업무를 **경감**하는 데 큰 도움이 될 것으로 기대되고 있어요.

- **해충** 인간의 생활에 해를 끼치는 벌레
- **양봉 농가** 꿀을 얻기 위하여 벌을 기르는 일을 전문으로 하는 농가 집
- **화염방사기** 불꽃을 내뿜는 무기
- **탈진** 기운이 다 빠져 없어짐
- **사비** 개인이 부담하여 지출하는 비용
- **경감** 부담이나 고통 따위를 덜어서 가볍게 함

1. 여름철에 벌집 제거가 어려운 이유는 무엇인가요?

_____

_____

2. 기사를 읽고 말벌 제거용 드론의 발명으로 기대되는 효과 두 가지를 써 보세요.

_____

_____

3. 이 글을 대한 내 생각을 한 줄로 정리해 보세요.

_____

 단어 깊이 알아보기

보기에서 단어를 골라 문장을 완성해 보세요

보기	양봉 농가	경감	사비	탈진	해충	화염방사기

1. 마라톤을 완주한 선수들은 결승선을 통과한 직후 (   )했다.

2. 여름에는 (   )이(가) 많아서 밖에 나가기 싫다.

3. 영화에서 주인공이 (   )로 적을 물리쳤다.

4. (   )에서 직접 사온 꿀이다.

 어떤 주제일까요?   · 경제 · 정치 · 사회 · 문화 · 과학 · 국제 · 환경 · 인물

정답 1. 탈진, 2. 해충, 3. 화염방사기, 4. 양봉 농가

수성에 다이아몬드가 가득하다고?

　수성은 태양계의 첫 번째 행성이자 가장 작은 **행성**이에요. 수성은 지구, 화성과 같은 암석형 행성들과 달리 탄소가 풍부한 먼지 구름으로부터 만들어졌을 것으로 **추정**되고 있어요. 그런데 최근 수성 지하에 약 16킬로미터 두께의 다이아몬드가 존재할 가능성이 있다는 연구가 나왔어요. 연구팀이 실험실에서 수성 내부와 같은 압력과 온도를 만들어 실험해 본 결과, 다이아몬드층이 형성되는 과정을 관찰할 수 있었어요. 다이아몬드는 탄소에 매우 높은 압력과 온도를 가하면 형성되는데 수성의 지표면 아래 탄소가 풍부한 **맨틀**이 형성되어 다이아몬드층이 만들어졌을 거라는 분석이에요.

　수성은 다른 태양계 행성들과 달리 표면이 어둡고, 핵의 밀도도 유별나게 높으며 화산 활동 시기도 다른 행성보다 훨씬 빠르게 끝났어요. 수성의 화산 활동이 다른 암석형 행성보다 더 짧았다는 것은 행성이 빠르게 냉각되었다는 것을 뜻해요. 연구진은 다이아몬드층이 열을 더 빠르게 식혀 화산 활동을 조기 종료시켰을 가능성이 있다고 추정했어요. 연구진은 좀 더 정확한 연구를 위해 유럽과 일본이 함께 개발한 수성 **탐사선** '베피콜롬보'의 자료를 활용할 계획이에요. '베피콜롬보'가 2025년 후반, 수성 궤도에 진입하면 수성의 수수께끼를 풀 **단서**를 더 많이 찾을 수 있을 거예요.

- **행성** 스스로 빛을 내지 못하고 중심 별의 주위를 도는 천체
- **추정** 미루어 생각하여 판정함
- **맨틀** 행성의 내부 핵과 지각 사이에 있는 부분
- **탐사선** 우주 공간에서 지구나 다른 행성들을 탐사하기 위해 쏘아 올린 비행 물체
- **단서** 어떤 문제를 해결하는 방향으로 이끌어 가는 일의 첫 부분

1. 태양계에 대한 설명을 보기에서 찾아 써 넣으세요.

보기	지구	별	수성	태양계

• 태양은 스스로 빛을 낼 수 있으며 이러한 천체를 (   ) 이라고 해요.

• (   )은 태양계에서 첫 번째 행성이자 가장 작은 행성이에요.

• (   )를 비롯한 행성들은 태양 주변을 돌고 있어요.

• 태양을 중심으로 태양의 영향을 받는 천체들이 있는 공간을 (   )라고 해요.

2. 태양계의 행성을 태양에서 가까운 순서대로 써 보세요.

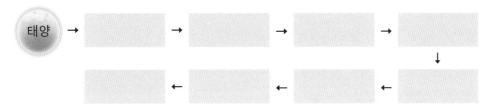

 단어 깊이 알아보기

단어의 뜻을 올바르게 이어 보아요

1. 단서 •

2. 맨틀 •

3. 추정 •

4. 행성 •

5. 탐사선•

• ① 미루어 생각하여 판정함

• ② 어떤 문제를 해결하는 방향으로 이끌어 가는 일의 첫 부분

• ③ 우주 공간에서 지구나 다른 행성들을 탐사하기 위해 쏘아 올린 비행 물체

• ④ 스스로 빛을 내지 못하고 중심 별의 주위를 도는 천체

• ⑤ 행성 내부 핵과 지각 사이에 있는 부분

어떤 주제일까요?   ·경제 ·정치 ·사회 ·문화 ·과학 ·국제 ·환경 ·인물

관측 사상 가장 오래된 블랙홀 발견!

제임스 웹 우주 망원경이 천문 관측 역사상 가장 오래된 블랙홀을 발견했어요. 제임스 웹 우주 망원경은 지난 2021년 12월에 발사된 **차세대** 우주 망원경으로 기존의 허블 우주 망원경보다 100배 뛰어난 성능을 갖추고 있어요. 이 망원경은 미국 항공우주국(NASA)와 캐나다 우주국(CSA) 등이 25년간 약 100억 달러(13조 원)를 투입해 개발하였고 우주의 비밀을 풀기 위한 임무를 수행 중이에요. 이 제임스 웹 우주 망원경이 이번에 우주 관측 역사상 가장 오래되었고 기존 이론으로는 설명할 수 없을 정도의 **질량**을 가지고 있는 블랙홀을 발견했어요.

블랙홀은 아주 강한 **중력**을 가지고 있어 주변에 모든 것을 빨아들이는 **천체**예요. 우주의 별이 점점 작아지거나 폭발하면서 수명이 다 했을 때 생겨나는 것으로 알려져 있지요. 이러한 블랙홀은 주변의 물질을 빨아들이며 성장하기 때문에 블랙홀의 질량을 바탕으로 블랙홀의 탄생 시기를 짐작해요. 그런데 이번에 발견된 블랙홀은 그 크기와 탄생 시점이 기존의 이론으로 설명할 수 없어요. 이에 따라 연구팀은 블랙홀이 다른 방식으로 만들어졌을 수도 있다는 가능성을 제기했어요.

블랙홀이 애초에 크게 태어날 수 있고, 기존에 천문학자들이 예상했던 것보다 5배 빠른 속도로 물질을 빨아들일 수도 있다는 것이지요. 이처럼 블랙홀은 아직 과학자들도 정확히 알지 못하는 **미지의 영역**이에요.

- **차세대** 지금 세대가 지난 다음 세대
- **질량** 물체의 고유한 기본량
- **중력** 지구 위의 물체가 지구로부터 받는 힘
- **천체** 우주에 존재하는 모든 물체
- **미지의 영역** 알지 못하는 분야

1. 블랙홀이란 무엇인가요?

----

2. 나에게 무엇이든 관찰할 수 있는 망원경이 있다면 무엇을 관찰하고 싶은지 적어 보세요.

----

3. 이 글을 대한 내 생각을 한 줄로 정리해 보세요.

단어 깊이 알아보기

단어의 뜻을 올바르게 이어 보세요.

1. 질량　　　　　　•　　•　① 지구 위의 물체가 지구로부터 받는 힘

2. 중력　　　　　　•　　•　② 물체의 고유한 기본량

3. 천체　　　　　　•　　•　③ 우주에 존재하는 모든 물체

4. 차세대　　　　　•　　•　④ 알지 못하는 분야

5. 미지의 영역　　•　　•　⑤ 지금 세대가 지난 다음 세대

어떤 주제일까요?　　　•경제　•정치　•사회　•문화　•과학　•국제　•환경　•인물

정답 1.②, 2.①, 3.③, 4.⑤, 5.④

청계천에 반려견이 출입한다고?

　　서울시 종로구에 위치한 청계천은 시민들의 산책 코스로 **각광**을 받는 곳이에요. 하지만 청계천은 그간 서울시 조례에 따라 반려동물의 출입이 금지되어 왔어요. 현재 서울 시내 대부분의 하천 변에는 반려견과 **동반 출입**이 가능하지만, 청계천은 그동안 다른 하천에 비해 도로 폭이 좁아 반려견 산책에 적합하지 않다고 생각되었기 때문이에요. 그러나 반려 인구가 증가하며 반려견과 함께 할 수 있는 산책 코스에 대한 시민들의 요구가 늘어나자 **한시적**으로 청계천 일부 구간에 반려견 출입을 허용하기로 했어요. 서울시는 "세계적으로 반려견과 함께하는 문화가 확산되고 있다."라며 이번 **시범 사업**을 시행하기로 결정했다고 밝혔어요.

　　많은 애견인들은 반려견과 함께 청계천을 걸을 수 있게 된 것이 기쁘다는 반응이었어요. 하지만 펫티켓을 지키지 않는 사람들 때문에 청계천이 더럽혀질 것을 걱정하는 시민들도 많았어요. 개 물림 사고를 걱정하는 사람도 있었어요. 서울시는 제기된 문제들이 일어나지 않도록 시범 운영 기간에 현장 **계도**를 실시할 예정이에요. 시범 운영 기간에 반려견과 함께 청계천을 산책할 경우, 맹견은 반드시 입마개를 해야 하고, 모든 반려견은 1.5미터 이내 길이의 목줄을 채워야 해요. 또 배변 봉투를 지참해 배설물을 처리해야 해요. 관련 조치에 응하지 않으면 보호자가 거주하는 관할 자치구에 **과태료** 부과를 의뢰할 예정이에요.

- **각광** 사회적 관심이나 흥미
- **동반 출입** 함께 들어가거나 나오는 것
- **한시적** 특정한 기간이나 시간 동안만 유효한 것
- **시범 사업** 어떤 새로운 정책이나 프로그램을 본격적으로 하기 전에 시험적으로 실행해 보는 사업
- **계도** 남을 깨치어 이끌어 줌
- **과태료** 의무 이행을 태만히 한 사람에게 벌로 물게 하는 돈

기사 깊이 알아보기

1. 기사에서 반려견과 산책할 때 지켜야 할 규칙을 찾아 써 보세요.

_____

2. 하천에 반려견 출입을 허용하는 것에 대한 나의 생각을 적어 보세요.

나는 하천에 반려견 출입을 허용하는 것에 (찬성 / 반대) 합니다.

왜냐하면 _____

_____

_____

단어 깊이 알아보기

밑줄 친 ㉠과 ㉡의 뜻과 가장 잘 어울리는 어휘를 보기에서 고르세요.

보기	각광	동반 출입	한시적	시범 사업	계도	과태료

- 최근 자연과 가까운 여행지가 많은 사람들에게 ㉠**주목**받고 있다.
- 쓰레기를 함부로 버리다 적발되면 ㉡**일정 금액의 벌금**을 내야 한다.

㉠: _____   ㉡: _____

여기서 잠깐, 상식 노트

펫티켓

반려동물(pet)과 예의·예절(etiquette)의 합성어로, 공공장소 등에 반려동물을 데리고 왔을 때 지켜야 할 예의를 말해요. 대표적인 펫티켓으로 반려동물과의 산책 시 목줄과 인식표, 배변 봉투 등을 지참하여 타인에게 피해가 가지 않도록 행동하는 것을 들 수 있어요.

 어떤 주제일까요?   · 경제 · 정치 · 사회 · 문화 · 과학 · 국제 · 환경 · 인물

정답 ㉠ 각광, ㉡ 과태료

추후 공고는 어디 공고? 문해력이 심각해!

최근 대학생 **익명** 커뮤니티에서 한 사람이 '추후 공고'라는 단어의 의미를 몰라 '추후 공고'가 어디에 있는 공업고등학교냐고 묻는 질문이 SNS를 뜨겁게 달궜어요. '추후(追後)'는 일이 지나간 얼마 뒤를 의미하고 '공고(公告)'는 세상에 널리 알린다는 뜻이에요. 그래서 '추후 공고'라는 말은 나중에 공지한다는 뜻인데, 이 글을 올린 사람은 '추후'라는 이름의 공업고등학교가 있다고 생각한 거예요. 이 글을 본 사람들은 대학생인데 이 정도도 모른다니 놀랍다며 요즘 젊은 사람들의 **문해력**이 심각하다는 반응을 보였어요.

문해력 저하 논란은 꾸준히 제기되어 왔어요. 비가 올 때를 뜻하는 '우천 시'라는 표현을 보고 '우천 시'가 어디에 있는 도시냐고 묻는 경우도 있었어요. 또한 깊은 사과의 뜻을 담아 '심심한 사과'라는 표현을 썼다가 '하는 일 없이 지루하고 재미가 없다'는 뜻의 '심심하다'로 오해한 일부 네티즌이 "지금 상황이 심심하냐"고 화를 내는 웃지 못할 일이 발생하기도 했어요.

'3일'이라는 뜻의 사흘을 4일과 **혼동**하거나, 오늘이라는 뜻의 '금일'을 금요일로 착각하는 경우도 많다고 해요. 문해력 **저하**의 배경으로는 낮은 독서율과 과도한 **숏폼** 콘텐츠 시청 등이 요인이 손꼽히고 있어요. 글을 읽고 이해하는 능력을 키우기 위해서는 짧은 영상을 시청하기보다는 책을 읽는 습관을 길러야 해요.

- **익명** 이름을 숨김
- **문해력** 글을 읽고 그 뜻을 잘 이해하는 능력
- **혼동** 구별하지 못하고 뒤섞어서 생각함
- **저하** 정도, 수준, 능률 따위가 떨어져 낮아짐
- **숏폼** 짧은 영상으로 이루어진 콘텐츠

 기사 깊이 알아보기

1. 기사를 읽고 다음 단어의 뜻을 적어 보세요.

추후 공고	
우천 시	
심심한 사과	
사흘	
금일	

2. 문해력을 기르기 위해서 우리가 해야 할 일은 무엇인가요?

 단어 깊이 알아보기

1. 인터넷은 ㅇ ㅁ 으로 댓글을 쓸 수 있다.

2. ㅁ ㅎ ㄹ 을 키우면 책을 읽을 때 내용을 더 쉽게 파악할 수 있다.

3. 색깔을 ㅎ ㄷ 해서 주황색과 빨간색을 잘못 칠했다.

4. 운동을 하지 않으면 체력이 ㅈ ㅎ 된다.

5. ㅅ ㅍ 콘텐츠는 재생 시간이 짧아 시청에 부담이 적다.

어떤 주제일까요?　　　·경제　·정치　·사회　·문화　·과학　·국제　·환경　·인물

정답　1. 익명, 2. 문해력, 3. 혼동, 4. 저하, 5. 숏폼

배우 차인표 소설, 옥스퍼드대 필독서 선정!

　배우이자 소설가인 차인표의 책이 영국의 옥스퍼드대학교 **필독서**로 지정되었어요. 그의 소설『언젠가 우리가 같은 별을 바라본다면』은 일본군 **위안부** 할머니들의 문제를 다룬 이야기예요. 일본군 위안부로 끌려갔다가 70년 만에 필리핀의 작은 섬에서 발견된 쑤니 할머니의 젊은 시절 이야기를 다룬 책이지요.

　차인표 작가는 '훈 할머니'라는 실제 위안부 피해자에 대한 뉴스를 듣고 이 소설을 **구상**하게 되었어요. 훈 할머니는 16세에 일본군에게 끌려가 캄보디아에 살게 된 분이에요. 작가는 뉴스에서 오랜 세월이 지나 한국어를 모두 잊었지만 「아리랑」을 부르던 할머니의 모습을 보고 너무 마음이 아팠어요. 그래서 그 감정을 글로 풀어 내고자 결심을 하게 되었고 무려 10년 만에 소설을 완성했어요.

　하지만 2009년『잘 가요 언덕』이라는 이름으로 출간된 이 책은 판매량이 적어 **폐간**되었어요. 하지만 2021년에『언젠가 우리가 같은 별을 바라본다면』이라는 제목으로 다시 출간되었고 그때부터 사람들의 주목을 받게 되었어요. 이제는 영국의 명문 대학교인 옥스퍼드대학교의 43개 도서관에 **비치**되어 학생들이 이 책을 번역하고 해석하며 토론할 예정이에요. 차인표 작가는 자신의 책을 통해 더 많은 사람들이 위안부 피해자의 아픔을 이해하고 그들의 이야기에 귀 기울이길 바란다고 전했어요

- **필독서** 중요한 내용이 담겨 있어서 많은 사람들이 꼭 읽어야 하는 책
- **위안부** 일본군에게 강제로 동원되어 피해를 입은 여성
- **구상** 어떤 계획이나 아이디어를 생각해 내는 것
- **폐간** 잡지나 신문 등 출판물을 더 이상 발행하지 않는 것
- **비치** 책이나 물건을 놓거나 두는 것

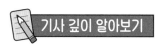

1. 『언젠가 우리가 같은 별을 바라본다면』은 작가가 어떤 뉴스를 보고 쓴 책인가요?

2. 뉴스 기사를 찾아서 읽고 빈 칸에 들어갈 내용을 적어 보세요.

	뉴스 내용	내 생각이나 느낌
언제		
어디서		
누구와		
무슨 일		

 단어 깊이 알아보기

1. 역사 시간에 선생님께서는 ㅇ ㅇ ㅂ 피해자들의 아픔에 대해 자세히 설명해 주셨다.

2. 작가는 새로운 소설의 줄거리를 ㄱ ㅅ 하며 여러 장소를 방문했다.

3. 이 책은 학생들에게 중요한 교훈을 주기 때문에 학교 ㅍ ㄷ ㅅ 로 지정되었다.

4. 도서관 입구에는 새로 나온 책들이 ㅂ ㅊ 되어 있다.

5. 독자 수가 줄어들면서 잡지가 ㅍ ㄱ 위기에 놓였다.

어떤 주제일까요?   · 경제 · 정치 · 사회 · 문화 · 과학 · 국제 · 환경 · 인물

최악의 여름!
자꾸 더워지는 지구

    2024년 여름은 기록적인 **폭염**으로 역대 '최악'의 여름이라는 평가를 받았어요. 기상청은 이번 여름은 전국 평균 기온과 열대야 일수가 가장 높았다고 밝혔어요. 열대야란 밤이 되어도 기온이 25도 이상으로 무더위가 지속되는 현상을 말해요. 늦은 밤까지 열대야가 계속되면서 **온열 질환자**도 발생했어요.

    특히 주거 환경이 좋지 못해 더위를 피하지 못하는 **빈곤 가구**, 노약자, 저소득 층 들에게는 너무 가혹한 여름이었어요. 지방자치단체에서는 이러한 폭염 취약 계층에게 냉수를 공급하는 등 지원을 추진했지만 역부족이었어요. 온열 질환자 수는 전년 대비 30퍼센트 이상 증가하였고, 사망자까지 발생했어요.

    무더위는 9월까지 이어졌어요. 보통 9월은 가을이 시작되는 달로 생각해요. 그런데 이번에는 추석까지 더위가 꺾이지 않았어요. 기상청의 발표 자료에 따르면 9월 평균 기온은 20.5도인데 이번 9월은 평균기온이 24.7도를 기록했어요. 이는 1973년 평년 기온을 집계한 이래 역대 1위의 기록이었죠. 2024년 9월은 월평균 기온뿐 아니라 폭염 일수, 열대야 일수도 역대 최대였어요. 과학자들은 인간이 **초래한** 기후 위기로 전 세계의 폭염이 더욱 심해질 거라고 내다봤어요. 우리나라도 매년 최악의 여름이 **경신**되는 것은 아니냐는 우려가 나오고 있어요.

- **폭염** 매우 심한 더위
- **온열 질환자** 열로 인해 체온이 몹시 오르는 질환을 앓는 사람
- **빈곤 가구** 소득이 최저 생계비에도 미치지 못하는 가구
- **초래하다** 일의 결과로서 어떤 현상을 생겨나게 하다
- **경신** 최고 기록 혹은 최저 기록을 깨뜨림

기사 깊이 알아보기

1. 열대야란 무엇인가요?

- -

2. 우리나라는 계절별로 다른 공기 덩어리의 영향을 받고 있어요. 계절별 날씨의 특징에 동그라미 쳐 보세요.

계절	공기 덩어리의 방향	온도	습도
봄	남서쪽	따뜻하다 / 차갑다	습도가 높다 / 습도가 낮다
여름	남동쪽	따뜻하다 / 차갑다	습도가 높다 / 습도가 낮다
가을	남서쪽	따뜻하다 / 차갑다	습도가 높다 / 습도가 낮다
겨울	북서쪽	따뜻하다 / 차갑다	습도가 높다 / 습도가 낮다

단어 깊이 알아보기

뜻이 비슷하거나 같은 단어를 보기에서 찾아 보세요.

보기	경신	폭염	초래하다

1. 무더위 - (   )

2. 갱신   - (   )

3. 유발하다 - (   )

· 경제 · 정치 · 사회 · 문화 · 과학 · 국제 · 환경 · 인물

일본, 태풍 '산산'으로 막대한 피해

　　여름철의 불청객, 태풍을 겪어 본 적이 있나요? 태풍은 바다에서 만들어지는 거대한 열대저기압을 말해요. 여름철 적도 근처의 뜨거워진 바닷물이 **증발**하면서 그 지역에 강한 상승 기류가 생겨요. 공기가 위로 올라가면서 구름이 만들어지고 폭우를 동반한 무시무시한 바람이 형성되지요. 태풍은 초당 17미터 이상의 빠른 바람으로 육지로 이동하게 되면 큰 피해를 입힐 수 있어요. 건물이나 나무를 쓰러뜨리거나 홍수를 일으킬 수 있고, 심한 경우에는 많은 사람이 죽거나 다칠 수 있어요. 여름철이면 북태평양에서 태풍이 올라와 우리나라와 일본에 많은 피해를 주고 있어요.

　　이번 여름에는 태풍 '산산'이 일본을 덮쳤어요. 태풍 '산산'의 영향으로 일본 야쿠시마 섬에 있는 야요이 삼나무가 두 동강 나고 말았어요. 야요이 삼나무는 일본 청동기, 철기 시대인 야요이 시대부터 살았던 것으로 알려진 나무로, 일본을 대표하는 거목 중 하나예요. 야쿠시마 섬은 **원시림**으로 유명하여 1993년 유네스코 세계자연유산으로도 **지정**됐어요. 미야자키 하야오 감독의 영화 「원령 공주」의 배경이 된 아름다운 숲이에요. 이번 태풍으로 야쿠시마 섬뿐 아니라 일본 전역이 막대한 피해를 입었어요. 폭우로 도로가 **침수**되고, 하천이 **범람**했고, 가옥이 파손되기도 했지요. 부상자와 실종자도 여러 명 발생했어요.

- **증발** 어떤 물질이 액체 상태에서 기체 상태로 변함
- **원시림** 사람의 손이 가지 아니한 자연 그대로의 삼림
- **지정** 가리키어 확실하게 정함
- **침수** 물에 젖거나 잠김
- **범람** 큰물이 흘러넘침

기사 깊이 알아보기

1. 태풍으로 일어날 수 있는 자연재해에는 어떤 것들이 있나요?

....

....

2. 기사의 내용으로 옳은 것에 동그라미 표하세요.

• 태풍은 주로 가을철에 북태평양에서 올라온다.   (   )

• 태풍 '산산'으로 야요이 삼나무가 두 동강이 났다.   (   )

• 야쿠시마 섬은 「원령 공주」의 배경이 된 섬이다.   (   )

3. 이 글을 대한 내 생각을 한 줄로 정리해 보세요.

....

....

단어 깊이 알아보기

단어의 뜻을 올바르게 이어 보아요.

1. 범람 •   • ① 큰 물이 흘러 넘침

2. 원시림 •   • ② 물에 젖거나 잠김

3. 증발 •   • ③ 가리키어 확실하게 정함

4. 지정 •   • ④ 사람의 손이 닿지 않은 자연 그대로의 삼림

5. 침수 •   • ⑤ 어떤 물질이 액체 상태에서 기체 상태로 변함

어떤 주제일까요?   • 경제 • 정치 • 사회 • 문화 • 과학 • 국제 • 환경 • 인물

온난화로 인한 빙하 장례식

　2019년 8월 아이슬란드에서는 특별한 장례식이 열렸어요. 다름 아닌 '오크예퀴들'(Okjokull)이라는 빙하가 녹아내려 **소멸**한 것을 **추모**하기 위한 빙하 장례식이었어요. 스위스에서도 또 다른 빙하인 피졸(Pizol)의 장례식이 진행되었어요. 빙하는 수백·수천 년 동안 쌓인 눈이 얼음 덩어리로 변한 것이에요. 빙하는 지구의 날씨와 기상 현상을 조절하고, 물을 저장하는 역할을 하는 중요한 자연 환경이에요.

　그런데 최근 지구온난화로 지구가 따뜻해지면서 지구 곳곳의 빙하가 녹아 없어지고 있어요. 뉴질랜드에서는 264개의 빙하가 사라졌고, 미국에서는 1950년대 이후 약 400여 개가 소멸했어요. 일부 과학자들은 전 세계적으로 약 1만 개의 빙하가 곧 사라질 것으로 전망하고 있어요. 이를 안타깝게 여긴 사람들이 빙하의 소멸에 대해 **경각심**을 일깨우고자 장례식을 치른 거예요.

　최근 과학자들이 빙하 기록에 **착수**하면서 빙하 장례식이 다시 주목을 받게 되었어요. 빙하 장례식을 했던 기록이 소멸하는 빙하를 지도화하는 데 기여한 셈이었어요. 과학자들은 어떤 빙하가 아직 남아 있고 어떤 빙하가 사라지고 있는지 **추적**하기 위해 빙하 '**사상자 명부**'와 '빙하 재고 목록'을 작성했어요. 한 번 사라져 버린 빙하를 다시 되돌리는 것은 거의 불가능에 가까워요. 따라서 더 이상의 빙하 장례식이 치뤄지지 않도록 노력해야 해요.

- **소멸** 사라져 없어짐
- **추모** 죽은 사람을 그리며 생각함
- **경각심** 정신을 차리고 주의 깊게 살피어 경계하는 마음
- **착수** 어떤 일을 시작함
- **추적** 자취를 따라 조사함
- **사상자 명부** 죽은 사람과 다친 사람의 이름을 적어 놓은 장부

1. 빙하는 자연에서 어떤 역할을 하는지 기사에서 찾아 쓰세요.

_____

_____

2. 지구촌의 문제를 해결하기 위해 우리가 할 수 있는 것은 무엇인지 써 봅시다.

개인	
기업	- 친환경 제품을 생산하는 기술을 개발한다. - 불필요한 포장을 줄인다. - 제품 생산 과정에서 에너지 사용을 줄일 수 있는 방법을 개발한다
국가	- 신재생 에너지 생산 시설을 늘린다. - 환경을 보호할 수 있는 정책을 만든다. - 환경을 생각하는 기업과 가정이 많아지도록 지원한다.

단어 깊이 알아보기

다음 단어 중 반대되는 뜻을 지닌 단어를 찾아보아요.

자	포	식	모	부	철
중	생	과	추	주	모
단	주	존	적	의	포

1. 경각심 ↔ (   )

2. 소멸 ↔ (   )

3. 착수 ↔ (   )

어떤 주제일까요? ・경제 ・정치 ・사회 ・문화 ・과학 ・국제 ・환경 ・인물

정답 1. 부록참고 2. 생성, 3. 중단

아프리카, 극심한 가뭄에 코끼리, 하마 잡는다

　아프리카 남부는 극심한 가뭄을 겪고 있어요. 가뭄이 **장기화**되면서 레소토, 말라위, 나미비아, 잠비아, 짐바브웨 등 5개국은 가뭄으로 인해 국가 재난 사태를 선포했어요. 과학자들은 아프리카의 이번 가뭄의 원인이 엘니뇨 때문이라고 이야기했어요. 엘니뇨는 남아메리카 근처 태평양의 바다 온도가 평소보다 따뜻해지는 현상이에요. 엘니뇨가 발생하면 일부 지역에서는 폭우가 발생하고, 또 다른 지역에서는 가뭄이 발생하기도 하는 등 전 세계에 이상 기후를 일으켜요. 엘니뇨가 유발한 가뭄으로 농작물 재배 시기를 놓친 아프리카는 식량난에 **허덕이고** 있어요.

　이 때문에 나미비아 정부는 굶주린 주민에게 코끼리를 포함한 일부 야생동물의 사냥을 허용했어요. 원래 이러한 야생동물은 함부로 사냥을 할 수 없지만 식량이 부족한 국민들을 보호하기 위해서는 어쩔 수 없는 선택이었어요. 나미비아와 짐바브웨 정부는 하마, 코끼리, 얼룩말 및 기타 동물을 수백 마리 **도살**해 식량으로 **배급**했어요. 짐바브웨 정부는 덩치가 큰 동물을 도살하면 식량난을 해결할 수 있을 뿐만 아니라 동물이 소비하는 물이 줄어드는 효과가 있다고 주장했어요. 하지만 환경·동물단체는 이러한 대처에 **반발**하고 나섰어요. 동물을 죽이는 것만으로는 식량 위기를 해결할 수 없으니, 가뭄 해결을 위한 근본적인 방안을 찾아야 한다고 지적했어요.

- **장기화** 일이 빨리 끝나지 아니하고 오래 끌어짐
- **허덕이다** 힘에 부쳐 쩔쩔매거나 괴로워하며 애쓰다
- **도살** 짐승을 잡아서 죽임
- **배급** 나누어 주는 일
- **반발** 행동에 대해 반대하거나 반항함

1. 엘니뇨가 발생하면 어떤 문제를 일으키나요?

_____

_____

2. 동물 도살에 대한 짐바브웨 정부와 환경·동물 단체의 의견을 정리해 보세요

짐바브웨 정부의 주장	
환경·동물단체의 주장	

💡 단어 깊이 알아보기

1. | ㅂ | ㅂ | 하는 사람들끼리 모여 새로운 모임을 만들었다.

2. 농부는 먹을 고기를 얻기 위해 동물을 | ㄷ | ㅅ | 했다.

3. 비가 몇 달 동안 계속 내리지 않으면서 가뭄이 | ㅈ | ㄱ | ㅎ | 되었다.

4. 나는 너무 오래 뛰어서 숨을 헉헉거리고 | ㅎ | ㄷ | ㅇ | ㄷ | 가 의자에 앉았다.

5. 옛날에는 사람들이 음식을 쉽게 구할 수 없어서, 나라에서 음식을 | ㅂ | ㄱ | 해 주었다.

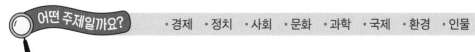

어떤 주제일까요?　　·경제　·정치　·사회　·문화　·과학　·국제　·환경　·인물

💡 정답 1. 뜻밖, 2. 도살, 3. 장기화, 4. 헐떡이다, 5. 배급

에베레스트가 쓰레기에 병들고 있어요

　세계에서 가장 높은 산인 에베레스트는 히말라야 산맥의 최고봉으로 높이가 약 8천 848미터에 달해요. 에베레스트에 올라가는 것을 꿈으로 여기는 사람들이 많아 다수의 등산가들이 방문하고 있어요. 그런데 등산객이 버리고 간 쓰레기가 문제가 되고 있어요. 히말라야를 뒤덮은 쓰레기가 많아지면서 히말라야는 '세계에서 가장 높은 쓰레기장'이라는 말까지 나오게 되었어요.

　네팔 당국은 쓰레기 문제를 해결하기 위해 2014년부터 1인당 쓰레기를 최소 8킬로그램 이상 가지고 하산하는 제도를 만들었지만 과거 등반가들이 버린 쓰레기가 여전히 많이 쌓여 있어요. 이 문제를 해결하고자 네팔 정부는 군인과 **셰르파**를 동원해 청소 작업에 나섰어요. 청소 팀은 총 11톤의 쓰레기를 수거한 것은 물론이고 과거에 실종된 등반가들의 시신을 발견해 **수습**하기도 했어요. 이러한 노력에도 불구하고 여전히 많은 양의 쓰레기가 남아 있어요.

　네팔 정부는 계속해서 쓰레기를 수거하겠다고 밝혔지만 문제는 히말라야에서 쓰레기를 치우는 것이 매우 힘들다는 점이에요. 에베레스트 산은 **고도**가 높아 온도가 매우 낮아요. 또한 정상에 가까운 곳일수록 산소 **농도**가 **희박하고**, 강풍과 눈보라가 심해 청소 작업을 하기가 어려워요. 쓰레기가 꽁꽁 얼어 있어서 쓰레기와 얼음을 분리하는 것도 쉽지 않지요.

- **셰르파** 히말라야 등산대의 짐을 나르고 길을 안내해 주는 사람
- **수습** 거두어 정돈함
- **고도** 평균 해수면으로부터의 높이
- **농도** 성분이 들어 있는 정도
- **희박하다** 밀도나 농도가 낮거나 거의 없다

기사 깊이 알아보기

1. 에베레스트 산의 쓰레기를 치우기 어려운 이유는 무엇인가요?

....

....

2. 사람의 활동으로 자연환경이나 생활환경이 훼손되는 현상을 환경오염이라고 해요. 환경오염의 종류에 맞는 예시를 적어 보세요.

대기 오염	
수질 오염	
토양 오염	

단어 깊이 알아보기

뜻이 비슷하거나 같은 단어를 보기에서 찾아보세요.

보기	수습	고도	희박하다	농도	셰르파

1. 가이드 - (   )   4. 부족하다 - (   )

2. 함량   - (   )   5. 높이   - (   )

3. 정리   - (   )

어떤 주제일까요?   · 경제 · 정치 · 사회 · 문화 · 과학 · 국제 · 환경 · 인물

정답 1. 셰르파, 2. 농도, 3. 수습, 4. 희박하다, 5. 고도

159

파리 올림픽엔 세 가지가 없다?

2024년에는 프랑스 파리에서 올림픽이 열렸어요. 이번 파리 올림픽은 '친환경'을 **표방한** 첫 번째 올림픽이었어요. 2015년 파리에서 지구온난화를 막기 위한 기후 협약이 이루어졌던 것을 떠올리자는 의미였어요. 이러한 친환경 기조에 따라 이번 올림픽에는 세 가지가 없었어요.

첫 번째로, 선수 숙소에 에어컨이 없었어요. 대신 공기 순환이 **원활**하도록 건물을 배치해 통해 자연의 바람으로 온도를 낮출 수 있게 설계했어요. 무더운 여름철, 선수 숙소에 에어컨이 없다는 소식에 우리나라를 비롯한 선진국은 자체적으로 선수단에 에어컨을 제공했어요. 선수들에게 에어컨 제공을 하기 어려운 빈곤 국가에 대한 배려가 부족하다고 비판이 제기되기도 했어요.

두 번째로, 아보카도를 없앴어요. 파리 올림픽에서는 탄소 발자국을 줄이기 위해 해외에서 수입하는 식재료 사용을 최소화하겠다고 했어요. 특히 아보카도는 재배할 때 많은 양의 물이 필요해 환경을 파괴한다는 논란이 있는 만큼 식재료에서 완전히 **배제했어요.**

마지막으로, 일회용품을 없앴어요. 대회에 사용되는 물품은 물론이고 경기장에도 페트병 반입이 금지되어 관중들도 재사용이 가능한 컵을 **소지해야** 했어요. 경기장 역시 대부분 기존 건물을 재활용했어요. 어쩔 수 없이 신축한 경기장도 재활용할 수 있는 **자재**를 활용해 온실가스 배출을 최소화했어요.

- **표방하다** 어떤 명목을 붙여서 주의나 주장 또는 처지를 앞에 내세우다
- **원활** 거침 없이 잘 나가는 상태
- **배제하다** 받아들이지 않고 제외하다
- **소지하다** 물건을 지니고 있다
- **자재** 무엇을 만들기 위한 기본적인 재료

기사 깊이 알아보기

1. 파리 올림픽에 없는 세 가지는 무엇인가요?

2. 아보카도를 제외한 이유는 무엇인가요?

3. 이 글에 대한 내 생각을 한 줄로 정리해 보세요.

단어 깊이 알아보기

단어의 뜻을 올바르게 이어 보아요.

1. 배제하다 •   • ① 물건을 지니고 있다.

2. 소지하다 •   • ② 받아들이지 않고 제외하다.

3. 원활하다 •   • ③ 거침없이 잘 나가는 상태에 있다.

4. 표방하다 •   • ④ 어떤 명목을 붙여 주의나 주장 또는 처지를 앞에 내세우다.

어떤 주제일까요?   • 경제 • 정치 • 사회 • 문화 • 과학 • 국제 • 환경 • 인물

정답 1.②, 2.①, 3.③, 4.④

개구리도 사우나를 한다고?

　목욕탕에서 사우나를 해 본 적이 있나요? 열기나 **증기**로 땀을 내고 목욕을 하는 것을 사우나라고해요. 몸을 따뜻하게 하고 땀을 내면 건강에 좋고 땀을 쭉 빼고 나면 기분도 좋아지기 때문에 사우나를 즐기는 사람들이 많아요.

　그런데 사람이 아닌 개구리도 사우나를 통해 건강을 지킬 수 있대요. 얼마 전 국제학술지 『네이처』 표지에는 개구리들이 벽돌 구멍에 들어가 사우나를 즐기는 모습이 실렸어요. 이 벽돌 구멍은 개구리 전용 사우나예요.

　항아리 곰팡이는 개구리와 같은 **양서류**의 피부를 파고 들어 개구리를 죽게 하는 곰팡이에요. 이 곰팡이 때문에 전 세계적으로 개구리 500종이 감소했고 90종이 **멸종**할 정도로 **치명적**이지요. 그런데 이 곰팡이는 28도 이상의 온도에 견디지 못한다는 약점이 있어요.

　연구팀은 이 사실을 바탕으로 햇볕에 따뜻하게 데워진 온실 안에 벽돌 구멍을 만들어 개구리들이 들어갈 수 있는 구조물을 만들었어요. 그리고 항아리 곰팡이에 감염된 개구리들을 넣어 주자 개구리의 체온이 올라가 곰팡이 감염이 줄어드는 것을 알게 되었어요. 한 번 치료 받은 개구리는 이후 낮은 온도에 머물러도 항아리 곰팡이에 대한 저항력을 갖게 되었어요. 개구리 사우나는 설치 비용도 저렴하고 쉽게 구할 수 있는 재료로 만들어져 간단하고 손쉽게 개구리들을 보호할 수 있게 되었어요.

- **증기** 물이 열을 받아서 기체 상태로 된 것
- **양서류** 어류와 파충류의 중간으로 땅 위 또는 물속에 사는 동물
- **멸종** 생물의 한 종류가 아주 없어짐
- **치명적** 생명을 위협하는 것

기사 깊이 알아보기

1. 사우나란 무엇인가요?

----

2. 기사의 내용으로 옳은 것에 동그라미 표하세요.

- 항아리 곰팡이는 개구리에게 치명적이다.   (   )
- 항아리 곰팡이는 28도 이상의 온도에 견디지 못한다.   (   )
- 개구리 사우나는 설치 비용이 비싸다.   (   )
- 항아리 곰팡이로 개구리 10종이 멸종했다.   (   )

3. 이 글에 대한 내 생각을 한 줄로 정리해 보세요.

단어 깊이 알아보기

1. 만두를 찌는 솥에서 ┌ㅈ┐ ┌ㄱ┐ 가 폴폴 올라왔다.

2. 개구리는 대표적인 ┌ㅇ┐ ┌ㅅ┐ ┌ㄹ┐ 동물이다.

3. 판다는 ┌ㅁ┐ ┌ㅈ┐ 위기 동물이다.

4. 독사의 독은 사람에게도 매우 ┌ㅊ┐ ┌ㅁ┐ ┌ㅈ┐ 이다.

어떤 주제일까요?   · 경제   · 정치   · 사회   · 문화   · 과학   · 국제   · 환경   · 인물

정답 1. 증기, 2. 양서류, 3. 멸종, 4. 치명적

정답 O, O, X, X

이마미오 섬, 몽구스 박멸 성공!

　세계 자연유산으로 등재된 일본의 한 섬에서 생태계 보호를 위해 몽구스를 포획해 온 결과, 30년 만에 몽구스를 박멸하는 데 성공했어요. 몽구스는 생김새는 귀엽지만, 성질이 사납고 코브라도 잡아먹어 뱀의 **천적**으로 알려져 있어요. 일본의 이마미오 섬은 독사를 **퇴치**하기 위해 1979년 몽구스 30여 마리를 이 섬으로 데려왔어요. 그런데 몽구스는 독사는 물론이고 이 섬에만 사는 **희귀**한 토끼를 포함한 다른 **토종** 동물들을 잡아먹기 시작했어요. 섬 안에 천적이 없었던 몽구스는 빠르게 번식을 했고 2000년대에 들어서는 약 1만 마리까지 늘어나 이 섬의 골칫거리가 되었어요.

　결국 일본 정부와 지자체는 몽구스 퇴치 운동을 벌이기 시작했어요. 본격적인 퇴치 작업이 시작되면서 한 해에만 약 3천 800마리를 포획한 것으로 전해졌어요. 그렇게 수년간 노력한 끝에 이마미오 섬에서는 몽구스를 볼 수 없게 되었어요. 혹시 모를 몽구스를 찾기 위해 300대의 카메라를 사용해 몇 년간 관찰했지만 몽구스의 흔적은 발견되지 않았어요. 이에 따라 전문가들은 몽구스를 완전히 **박멸**했다고 발표했어요. 이 사례를 통해 **외래종**의 도입이 생태계에 얼마나 큰 해를 끼칠 수 있는지를 깨달을 수 있어요. 몽구스가 이마미오 섬의 생태계를 파괴한 것처럼 인간의 인위적인 개입 역시 생태계에 문제를 일으킬 수 있어요.

- **천적** 잡아먹는 동물을 잡아먹히는 동물에 상대하여 이르는 말
- **퇴치** 물리쳐서 없애 버림
- **희귀** 드물고 귀함
- **토종** 원래부터 그곳에서 나서 오래도록 살아 내려온 사람이나 동물
- **박멸** 모조리 잡아 없앰
- **외래종** 고의적 또는 우연적으로 기존 환경에 새롭게 유입된 생물종

1. 몽구스는 어떤 동물인가요?

----

2. 생태계란 어떤 장소에서 서로 영향을 주고 받는 생물과 생물 주변의 환경 전체를 말해요.
보기에 주어진 생태계 구성 요소를 생물 요소와 비 생물 요소로 나누어 정리해 보세요.

뱀 몽구스 식물 버섯 토끼 빛 온도 물 흙 공기

생물 요소	비생물 요소

 단어 깊이 알아보기

보기에서 단어를 골라 문장을 완성해 보세요.

보기	퇴치	천적	희귀	토종

1. 토끼의 (　　　　　　)은(는) 여우다.

2. 산에 가면 아주 (　　　　　　)한 버섯을 볼 수있다.

3. 사람들은 모기를 (　　　　　　)하려 약을 뿌린다.

4. 반달가슴곰은 한국의 (　　　　　　) 동물이다.

어떤 주제일까요?　　·경제　·정치　·사회　·문화　·과학　·국제　·환경　·인물

정답 1. 천적, 2. 희귀, 3. 퇴치, 4. 토종

정답 2. 생물 요소 - 뱀, 몽구스, 식물, 버섯, 토끼 / 비생물 요소 - 빛, 온도, 물, 흙, 공기

고급편

고급편에서는 우리나라의 경제 발전과 국제 이슈 등 더 넓은
범주의 기사를 주로 다루었어요. 고급편까지 읽고 나면 과거와
현재, 현재와 미래를 연결하여 이해하는 안목과 더불어
우리나라를 넘어 세계의 경제, 사회를 종합적으로
이해하는 능력이 생길 거예요.

높았던 금리,
이제 다시 낮춘대요

　금리란 돈을 빌리거나 빌려 줄 때 붙는 이자를 말해요. 금리가 낮아지면 이자가 낮아지기 때문에 돈을 빌려 쓰려는 사람이 많아져요. 그러면 기업은 투자를 늘리게 되어 경제가 활발해져요. 반대로 금리가 높아지면 이자를 많이 주기 때문에 돈을 저축하려는 사람이 많아져요. 그러다 보면 소비가 줄어들어 경제 활동이 **위축**될 수 있어요.

　금리를 내렸을 때 경제가 활성화된다면 금리를 낮추는 게 좋다고 생각할 수 있겠지만, 낮은 금리에는 **치명적인** 단점이 있어요. 바로 물가가 상승한다는 거예요. 그래서 각국의 중앙 은행은 적절한 금리를 결정하는 역할을 해요. 미국에선 연방준비제도이사회(Fed)가 금리를 정하고 우리나라에선 한국은행이 금리를 결정해요.

　미국은 세계 최대의 경제 대국이라 다른 나라들은 미국의 **통화정책**을 따라가는 경향이 있어요. 2024년 9월, 미국의 연방준비제도이사회가 금리를 0.5퍼센트 인하한다고 발표했어요. 물가를 잡기 위해 금리를 인상해 왔지만, 경제활동이 지나치게 위축되자 금리를 **인하**하기로 결정한 거예요. 특히, 이번 인하의 이유는 미국의 **고용** 시장이 불안하기 때문이에요. 금리 인상으로 **물가**가 조금씩 안정되고 있지만, 일자리가 줄어들자 이제는 금리 인하가 필요하다고 판단한 것이지요.

- **위축** 어떤 힘에 눌려 졸아들고 기를 펴지 못함
- **치명적인** 일의 흥망, 성패에 결정적으로 영향을 주는
- **통화정책** 나라의 경제를 안정시키기 위해 정부나 중앙은행이 금리나 돈의 양을 조절하는 정책
- **인하** 가격이나 금리가 내려가는 것
- **고용** 사람들이 직장에서 일할 수 있는 상태
- **물가** 물건의 가격 수준

기사 깊이 알아보기

1. 금리란 무엇인가요?

_____

2. 금리가 낮아질 때와 높아질 때 일어나는 현상을 정리해 보세요.

금리가 낮아질 때	금리가 높아질 때

3. 이 글에 대한 내 생각을 한 문장으로 정리해 보세요.

_____

단어 깊이 알아보기

보기의 단어 중 빈칸에 들어갈 알맞은 단어를 차례로 넣어 보세요.

보기	통화정책	고용	물가

(   )가 오르자 정부는 (   )을 바꾸고 (   )을 늘리기 위한

계획을 세웠습니다.

여기서 잠깐, 상식 노트

연방준비제도이사회(Federal Reserve System)는 미국의 금리를 결정하는 중앙은행을 뜻하는

말이에요. 줄여서 'Fed', '연준'이라고 불러요.

어떤 주제일까요?　　　　・경제　・정치　・사회　・문화　・과학　・국제　・환경　・인물

 정답 물가, 통화정책, 고용

음악 천재 모차르트의 미공개 새 곡 발표

　'반짝 반짝 작은별'로 시작하는 「작은별」이라는 동요를 들어 본 적이 있지요? 이 동요는 18세기 천재 음악가였던 모차르트의 곡에 우리말 가사를 붙인 거예요. 역사상 가장 위대한 작곡가 중 한 사람으로 손꼽히는 볼프강 아마데우스 모차르트는 1756년 오스트리아에서 태어났어요.

　궁정 음악가였던 아버지 레오폴트 모차르트에게 피아노와 바이올린을 배운 모차르트는 4살 때 작곡을 시작한 음악 신동이었어요. 그는 수많은 연주곡, 교향곡, 오페라 등을 작곡하며 **명성**을 떨쳤어요. 그러나 마지막 작품인 「진혼곡」을 마무리 짓지 못하고 35살이라는 이른 나이에 사망했어요.

　짧은 생이었지만 수많은 **걸작**을 남겼지요. 이러한 모차르트의 미공개 곡이 233년 만에 발견되었어요. 독일 라이프치히 시립 도서관에 따르면 이 곡은 모차르트가 10~13세 무렵 작곡한 것으로 **추정**된다고 해요. 이 곡은 모차르트가 누나로부터 **영감**을 받아 쓴 곡으로 보여요. 해당 작품은 약 12분간 현악 3중주로 연주되는 곡으로 「아주 작은 밤의 음악」이라는 제목이 붙었어요. 다만 연구진은 이번에 발견된 악보가 모차르트의 **친필본**은 아니라는 입장이에요. 원본을 누군가가 받아 적은 **사본**으로 보인대요.

- **명성** 평판이 높아서 세상에 널리 알려진 이름
- **걸작** 매우 뛰어나게 잘된 작품
- **추정** 미루어 생각하여 판정함
- **영감** 창조적인 일의 계기가 되는 기발한 착상이나 자극
- **친필본** 손수 쓴 글씨
- **사본** 원본을 그대로 베낀 책이나 서류

1. 모차르트는 어떤 사람인가요?

....

....

....

2. 기사의 내용으로 옳은 것에 동그라미 표하세요.

• 모차르트의 미공개 곡이 233년 만에 발견되었다.   (   )

• 이번에 발견된 곡은 현악 3중주 곡이다.   (   )

• 이번에 발견된 악보는 모차르트의 친필본이다.   (   )

3. 이 글에 대한 내 생각을 한 문장으로 정리해 보세요.

....

단어 깊이 알아보기

1. 에디슨은 많은 발명품으로 높은 [ㅁ | ㅅ] 을 얻었다.

2. 피카소의 그림은 모두 [ㄱ | ㅈ] 으로 평가된다.

3. 이 그림은 고흐가 그린 그림으로 [ㅊ | ㅈ] 된다.

4. 많은 화가의 그림들은 자연에서 [ㅇ | ㄱ] 을 얻었다.

5. 돈을 돌려받으려면 통장 [ㅅ | ㅂ] 을 제출해야 한다.

어떤 주제일까요?   •경제 •정치 •사회 •문화 •과학 •국제 •환경 •인물

집 살 때 돈을 조금만 빌려줄게요

　　최근 서울과 수도권 집값이 상승하기 시작하면서 많은 사람들이 무리하게 빚을 내 집을 사는 일이 늘어나고 있어요. 이에 따라 금융위원회는 서울과 수도권에서 **주택 담보대출** 한도를 줄이기로 했어요. 주택 담보대출이란 집을 담보로 돈을 빌리는 것이에요. 대부분의 사람들이 집을 살 때 주택 담보대출을 받아요. 현재 집을 살 돈이 부족해도 돈을 빌려 집을 먼저 사고, 돈을 갚아 나갈 수 있게 해 주는 것이지요. 만약 돈을 갚지 못하면 담보인 집을 팔아 빚을 갚기로 하는 거예요.

　　그런데 무리하게 주택 담보대출을 받아 집을 사는 사람이 많아지면 집값이 오를 수 있고, 가계의 **부채**도 늘어난다는 문제점이 있어요. 이렇게 집집마다 빚이 과도해지면 국가의 경제가 어려워지는 만큼 금융위원회는 **대출 한도**를 줄여서 집값을 안정시키겠다는 계획이에요.

　　주택 담보대출 한도를 줄이는 이유는 자신이 갚을 수 있는 만큼만 대출을 받을 수 있게 하려는 정책이지요. 정부는 규제를 통해 대출을 받는 사람들이 줄어들면 집값 상승이 **주춤해** 질 것이라고 기대하고 있어요. 하지만 많은 사람들이 빚을 내서라도 집을 사려고 하고 있어 이 정책이 효과를 발휘할지는 **미지수**예요.

- **주택 담보대출** 집을 담보로 돈을 빌리는 방법
- **부채** 빌린 돈으로, 나중에 갚아야 할 금액
- **대출 한도** 금융 기관이 대출 신청자에게 빌려줄 수 있는 최대 금액
- **주춤하다** 망설이거나 가볍게 놀라서 갑자기 멈칫하거나 몸이 움츠러드는 것
- **미지수** 예측할 수 없는 앞일

기사 깊이 알아보기

1. 주택 담보대출이란 무엇인가요?

_____

_____

2. 정부가 주택 담보대출 한도를 줄이려는 이유는 무엇인가요?

_____

_____

3. 이 글에 대한 내 생각을 한 줄로 정리해 보세요.

_____

단어 깊이 알아보기

다음 단어에 대한 뜻풀이를 찾아 바르게 선으로 이어 보세요

1. 주택 담보대출 •   • ① 망설이거나 가볍게 놀라서 갑자기 멈칫하거나 몸이 움츠러드는 것

2. 부채 •   • ② 금융기관이 대출 신청자에게 빌려줄 수 있는 최대 금액

3. 대출 한도 •   • ③ 빌린 돈으로, 나중에 갚아야 할 금액

4. 주춤하다 •   • ④ 예측할 수 없는 앞일

5. 미지수 •   • ⑤ 집을 담보로 돈을 빌리는 방법

어떤 주제일까요?   · 경제   · 정치   · 사회   · 문화   · 과학   · 국제   · 환경   · 인물

정답 1.⑤, 2.③, 3.②, 4.①, 5.④

금값 사상 최고, 10배 오른 황금박쥐상

  결혼이나 돌을 기념하여 선물을 주고 받을 때 쓰이는 금 가격이 치솟고 있어요. 국내뿐 아니라 국제 금 시세는 역대 최고를 기록했고, 표준금거래소 기준 순금 한 돈(3.75g)짜리 반지가 50만 원을 넘어섰어요.

  이렇게 금값이 **고공 행진**하는 배경에는 불안정한 국제 정세가 자리하고 있어요. 금은 비상 상황에서도 돈처럼 사용하거나, 쉽게 돈으로 바꿀 수 있기 때문에 대표적인 안전 자산으로 여겨져요. 이러한 안전 자산은 정치, 경제적 불안감이 커질수록 수요가 몰리는 **경향**이 있어요. 중동지역의 **분쟁**, 러시아-우크라이나 전쟁, **경기 침체** 등으로 안전 자산인 금을 찾는 사람들이 많아진 것이지요. 금 값이 오르자 금을 활용한 재테크도 인기를 끌고 있어요. '골드바(금괴)'를 사는 투자나 금에 투자하는 금융 상품에 관심을 갖는 사람들이 늘어나고 있어요.

  한편, 금값 상승으로 함평군의 대표 상징물인 황금박쥐상의 가격이 제작 당시보다 10배가 오른 것으로 알려졌어요. 황금박쥐상은 함평에서 천연기념물이자 멸종 위기 1급인 황금박쥐 163마리가 발견된 것을 기념하기 위해 만들어졌어요. 2008년 제작 당시 순금 162킬로그램 등을 넣은 황금박쥐상을 만들며 27억 원을 소요해 혈세 낭비라는 지적이 잇따랐어요. 하지만 금값 상승으로 황금박쥐상 가격이 230억을 돌파하면서 함평군 최고의 투자였다는 평가를 받고 있어요.

• **고공 행진** 가격이 치솟거나 흥행이 잘되는 등 어떤 것의 수치가 계속하여 오르는 현상
• **경향** 현상이나 행동이 어떤 방향으로 기울어짐
• **분쟁** 갈라져 다툼
• **경기 침체** 경제활동이 활발하게 이루어지지 못하고 제자리에 머묾

1. 금값은 주로 언제 오르는지 기사에서 찾아 써 보세요.

---

2. 함평에서 황금박쥐상을 만든 이유는 무엇인가요?

---

3. 이 글에 대한 내 생각을 한 줄로 정리해 보세요.

단어 깊이 알아보기

1. 국제적인 [ㄱ] [ㄱ] [ㅊ] [ㅊ] 로 수출량이 줄어들고 있다.

2. 주인공의 인기로 드라마의 시청률이 [ㄱ] [ㄱ] [ㅎ] [ㅈ] 하고 있다.

3. 두 나라는 오랜 세월 [ㅂ] [ㅈ] 중에 있다.

4. 5월에는 꽃 가격이 비싸지는 [ㄱ] [ㅎ] 이 있다.

여기서 잠깐, 상식 노트

혈세 낭비란 세금을 낭비할 때 자주 쓰는 표현이에요. 국민의 피 같은 세금을 낭비한다는 비유적인 표현이지요.

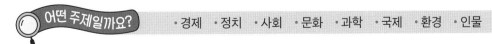
어떤 주제일까요?   ·경제 ·정치 ·사회 ·문화 ·과학 ·국제 ·환경 ·인물

정답 1. 경기 침체, 2. 고공 행진, 3. 분쟁, 4. 성수기

관광으로 버는 돈보다 쓰는 돈이 더 많은 우리나라

외국인 관광객 수가 코로나19 팬데믹 이전의 수치를 거의 회복했지만 여행 수지는 **적자**의 늪에서 헤어나오지 못하고 있어요. 여행 수지란 국내 여행자가 해외에서 쓰는 여행 경비와 외국의 여행자가 우리나라에 와서 쓰는 돈의 차액을 말해요. 여행 수지가 적자라는 것은 외국인이 우리나라에 와서 쓰는 돈보다 우리나라 여행객이 해외에 나가서 쓰는 돈이 더 많다는 것을 의미하지요.

여행 수지가 악화되고 있는 이유로는 우리나라 사람들이 국내 여행보다는 해외 여행을 **선호**하게 된 것이 한몫했어요. 국내 물가가 너무 비싸진 반면 저가 항공권이 많아지면서 저렴한 동남아 등의 나라로 여행을 가는 사람들이 많아진 것이지요. 또한 중국 관광객의 소비가 **주춤**하고 있는 것도 이유 중 하나예요. 과거에는 우리나라에 방문한 외국인들이 명동을 중심으로 백화점이나 면세점 쇼핑을 즐기며 소비를 많이 했지만, 코로나19 팬데믹 이후로는 맛집 관광을 즐기며 소비가 줄어든 거예요.

우리나라 방문하는 외국인들이 **가성비** 여행을 추구하는 경향이 뚜렷해지면서 관광객 수가 회복되었음에도 여행 수지는 계속해서 악화되고 있어요. 이에 따라 정부는 외국인 관광객 수를 늘리기 위해 노력하는 것은 물론 K-팝 열풍을 활용한 **고부가가치** 관광을 육성해 여행 수지를 늘리겠다는 방침을 세웠어요.

- **적자** 지출이 수입보다 많아서 생기는 결손액
- **선호** 여럿 가운데서 특별히 가려서 좋아함
- **주춤** 망설이거나 가볍게 놀라서 갑자기 멈칫하거나 몸을 움츠리는 모양
- **가성비** '가격 대비 성능의 비율'을 줄여 이르는 말
- **고부가가치** 투자 금액 대비 수익률이 높은 가치

🖊️ 기사 깊이 알아보기

1. 여행 수지란 무엇인가요?

------

2. 최근 내가 산 물건 중에 가장 '가성비'가 좋다고 생각한 물건을 한 가지 골라 어떤 면에서 가성비가 높다고 생각하는지 써 보세요.

💡 단어 깊이 알아보기

1. K-팝은 대표적인 ㄱ ㅂ ㄱ ㄱ ㅊ 산업이다.

2. 대용량 화장품의 인기가 높은 이유는 ㄱ ㅅ ㅂ 가 높기 때문이다.

3. 마라탕의 인기가 ㅈ ㅊ 하고 있다.

4. 나는 밀떡볶이보다 쌀떡볶이를 ㅅ ㅎ 한다.

 어떤 주제일까요?   · 경제 · 정치 · 사회 · 문화 · 과학 · 국제 · 환경 · 인물

정답 🔖 1. 고부가가치, 2. 가성비, 3. 급증, 4. 선호

글로벌 증시 폭락, 공포의 블랙 먼데이

2024년 8월 5일 월요일 한국, 일본, 대만 등 아시아 주요 주식 시장이 역대급 **폭락**을 기록했어요. 이 날 우리나라의 코스피 지수는 하루 만에 전일보다 8퍼센트 이상 떨어졌어요. 코스닥 지수도 11퍼센트 넘게 급락했지요. 이번 하락은 우리나라 주식 역사에서 가장 큰 하락이었어요. 추가 하락을 우려한 투자자들이 너도 나도 주식을 팔려고 하자, 시장의 혼란을 막기 위해 거래를 일시 중단시키는 서킷 브레이커도 발동되었어요.

증권가에서는 블랙 먼데이(검은 월요일)가 재현되었다며 **우려**를 나타냈어요. 블랙 먼데이란 1987년 10월 19일 월요일 뉴욕 증권 시장이 폭락했던 사건에서 **유래**했어요. 이날 하루 만에 주가가 22퍼센트 이상 빠지며 세계 경제가 휘청거렸어요. 증권가에서는 이날을 암울한 월요일이라는 뜻의 블랙 먼데이라 이름 붙였어요. 이 사건으로 주식 시장의 **붕괴**를 막기 위해 서킷 브레이커 제도를 **도입**했어요.

우리나라의 경우, 코스피나 코스닥 지수가 전일 대비 8퍼센트 이상 폭락한 상태가 1분간 지속되면 '서킷 브레이커'가 발동해요. 그러면 20분간 거래를 할 수 없어요. 반대로 주식 시장이 급등해도 시장의 안정성을 위해 주식 거래를 중지시켜요. 이를 '매수 사이드카'라고 해요. 서킷 브레이커가 발동했던 다음 날인 2024년 8월 6일에는 주식시장이 급등해 매수 사이드카가 발동했어요.

- **폭락** 물건의 값이나 주가 따위가 갑자기 큰 폭으로 떨어짐
- **우려** 근심하거나 걱정함
- **유래** 사물이나 일이 생겨남
- **붕괴** 무너지고 깨짐
- **도입** 기술, 방법, 물자 따위를 끌어 들임

 기사 깊이 알아보기

1. 2024년 8월 5일 우리나라 주식 거래가 일시 중단된 이유는 무엇인가요?

- -

2. 블랙 먼데이라는 말은 어떤 사건에서 유래되었나요?

- -

- -

3. 이 글에 대한 내 생각을 한 줄로 정리해 보세요.

- -

단어 깊이 알아보기

기사에 나온 말과 반대 의미로 사용된 낱말을 보기에서 찾아 적어 보세요.

보기	급등	폭락	불안	서킷 브레이커

1. 매수 사이드카 - (   )   3. 폭등 - (   )

2. 급락 - (   )   4. 편안 - (   )

여기서 잠깐, 상식 노트

코스피 VS 코스닥

코스피는 코스피 증권 시장에 상장된 기업들의 주가 지수를 의미해요. 코스피 시장에는 우리나라를 대표하는 대기업들이 상장되어 있어요. 코스닥은 상대적으로 규모가 작은 중소기업이나 벤처 기업 위주로 구성된 증권 시장이에요.

 어떤 주제일까요?   · 경제 · 정치 · 사회 · 문화 · 과학 · 국제 · 환경 · 인물

부모님께 받은 돈에도 세금이 붙어요

부모가 자녀에게 돈을 줄 때에도 나라에 세금을 내야 한다는 사실을 알고 있나요? 물론 부모님께 받는 용돈이나 생활비 같이 사회 통념상 인정되는 경우에는 세금이 붙지 않아요. 하지만 큰 돈을 넘겨 받게 되면 그중 일부를 **증여세**로 내야 해요. 이러한 증여세에 대한 부담을 줄여 주는 세법 개정안이 통과되었어요.

증여세를 낼 때 10년 동안 최대 5천만 원까지만 세금을 **면제**받았었는데, 그런데 이제는 1억 원을 더해서 1억 5천만 원까지 증여세를 내지 않아도 돼요. 신혼 부부의 경우 양가에서 최대 3억 원까지는 증여세 없이 지원을 받을 수 있게 된 것이지요. 이 법안은 결혼하거나 아기를 낳은 자녀에게 주는 **혜택**으로, 저출산 문제를 해결하려고 만든 거예요. 요즘 결혼도 늦고 아기를 낳는 가정이 줄어들고 있어서, 나라에서 결혼과 출산을 장려하기 위해 이러한 혜택을 마련한 거죠. 하지만 일부 사람들은 부모님께 물려받을 돈이 없는 청년들에게 상실감을 느끼게 하는 정책이라는 비판을 하기도 했어요.

한편 우리나라는 부모님으로부터 받는 재산에 대한 증여세나 **상속세**가 높은 나라로 손꼽혀요. 이에 대해 세금이 과도하다는 의견이 있어요. 하지만 증여세나 상속세에 대한 세금은 부익부 빈익빈 현상을 막고 사회의 부를 재분배하기 위해 꼭 필요하다는 의견도 있어요.

- **증여세** 증여를 통하여 다른 사람의 권리나 재산을 받은 사람에게 물리는 세금
- **면제** 해야 할 일을 하지 않아도 되게 해 주는 것
- **혜택** 어떤 일을 할 때 특별히 받는 좋은 점이나 이익
- **상속세** 부모님 등이 돌아가셨을 때 상속하게 된 유산에 대해 부과하는 세금

1. 증여세가 면제되는 금액이 상향된 이유는 무엇인가요?

- -

2. 일부 사람들이 이 정책을 비판한 이유는 무엇인가요?

- -

- -

3. 이 글에 대한 내 생각을 한 줄로 정리해 보세요.

- -

단어 깊이 알아보기

밑줄 친 ㉠과 ㉡의 뜻과 가장 잘 어울리는 어휘를 보기에서 고르세요.

보기	증여세	면제	혜택	상속세

- 특정 조건을 만족하는 경우, 해당 세금을 ㉠**납부하지 않아도 되는 혜택**이 주어진다.
- 부모님께 유산을 받는 사람은 ㉡**부모님이 남긴 재산에 대한 세금**을 내야 한다.

㉠: -   ㉡: -

여기서 잠깐, 상식 노트

부익부 빈익빈이란 재산이 많은 사람일수록 더 큰 부자가 되고 가난한 사람일수록 더욱 가난하게 되는 현상을 말해요. 증여세나 상속세에 대한 세금은 부자들이 더 많은 세금을 내게 만들어 부익부 빈익빈 현상을 막아 줘요.

어떤 주제일까요?   · 경제 · 정치 · 사회 · 문화 · 과학 · 국제 · 환경 · 인물

정답 ㉠ 면제, ㉡ 상속세

세계 경제 규모 순위는?
경제 성장이 느려진 일본과 한국

세계에서 가장 경제 규모가 큰 나라는 압도적인 1위를 자랑하는 미국이에요. 한때 중국이 높은 성장률로 미국을 **위협**할 것이라는 **전망**이 있었지만, 코로나19 이후 미국이 다시 격차를 벌리며 1위 자리를 **공고히** 하고 있어요. 2위는 중국으로, 많은 인구와 높은 경제 성장률로 2010년 이후 2위 자리를 놓치지 않고 있지요.

최근 10년 이상 세계 경제 순위는 1위 미국, 2위 중국, 3위 일본 순이었어요. 그런데 얼마 전 일본의 경제 규모가 독일에 밀려 4위로 떨어졌다고 알려졌어요. 그리고 2026년이면 인도에게도 밀려나 5위가 될 것으로 예상되고 있어요.

일본은 한때 세계 2위의 경제력이었지만, "잃어버린 30년"이라고 불릴 정도로 오랜 기간 동안 경기 **침체**를 겪으며, 세계 경제 순위에서 밀려나고 있는 모양새예요. 특히 최근 엔화 환율이 낮아지는 '엔저 현상'이 일본의 경제 규모 **축소**를 더 두드러지게 만들었어요. 국가별 비교할 때에는 달러로 **환산**한 GDP(국내 총생산)를 활용해요. 그런데 엔화 가치가 낮아지면서 달러로 환산했을 때, 일본의 경제 규모가 더 줄어드는 상황이 된 것이지요.

한편, 우리나라는 경제 순위 10위에서 13위로 떨어지고, 25년 만에 일본보다도 낮은 경제성장률을 기록하는 등 많은 우려를 낳고 있어요.

- **위협** 겁을 먹도록 말이나 행동으로 협박함
- **전망** 앞날을 헤아려 내다봄
- **공고히** 단단하고 튼튼하게
- **침체** 어떤 현상이나 사물이 진전하지 못하고 제자리에 머무름
- **축소** 모양이나 규모 따위를 줄여서 작게 함
- **환산** 어떤 단위나 척도로 된 것을 다른 단위나 척도로 고쳐서 헤아림

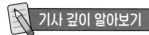 **기사 깊이 알아보기**

1. 인터넷 검색을 통해 오늘 날짜 환율을 찾아보세요.

....

2. 엔화 가치가 낮아지면 GDP가 낮아지는 이유는 무엇인가요?

....

3. 이 글에 대한 내 생각을 한 줄로 정리해 보세요.

....

단어 깊이 알아보기

1. 그는 군사력을 장악하여 권력을 ㄱ ㄱ ㅎ 하였다.

2. 예산이 줄어들어 사업이 ㅊ ㅅ 되었다.

3. 내일은 비가 올 ㅈ ㅁ 이다.

4. 핵무기는 인류의 안전에 큰 ㅇ ㅎ 이 되고 있다.

여기서 잠깐, 상식 노트

GDP와 GNP

• GDP(국내총생산, Gross Domestic Product)
  한 나라에서 국민과 외국인이 생산한 모든 재화와 서비스의 합을 말해요. ('나라'가 기준)

• GNP(국민총생산, Gross National Product)
  국내외의 모든 국민이 생산한 모든 재화와 서비스의 합을 말해요. ('사람'이 기준)

 **어떤 주제일까요?**   • 경제 • 정치 • 사회 • 문화 • 과학 • 국제 • 환경 • 인물

정답 1. 군권히, 2. 축소, 3. 전망, 4. 위협

의대 정원을 둘러싼 정부 VS 의사의 갈등

　　최근 정부는 우리나라에 의사가 부족해질 전망이라며 의과 대학 학생수를 2천 명 더 뽑겠다고 발표했어요. 하지만 의사 협회는 현재 의사 수가 부족한 것이 아니라며 정부의 의대 정원 확대에 반대하고 나섰어요. 하지만 정부가 증원을 밀어붙이자 의사 협회는 **파업**에 돌입하며 의료 현장에 혼란이 **가중**되고 있어요.

　　대학병원에 근무하던 전공의들이 한꺼번에 **사직**하면서 의료 현장에 큰 **공백**이 생긴 거예요. 전공의들이 사직서를 내고 병원을 떠난 이후 응급 환자들이 제때 치료받지 못하고 있는 상황이 되었어요. 정부는 의사들이 다시 돌아오도록 압박하기 위해 면허를 정지시키겠다고 경고했지만 오히려 의사들은 정부의 강압적인 태도에 **반기**를 들고 병원 **복귀**를 거부했어요.

　　정부와 의사 협회가 원만한 합의점을 찾지 못하고 갈등이 깊어지면서 의사가 부족해 응급실에서 진료를 받지 못해 사망하는 환자가 생기기도 했어요. 대학병원을 떠난 전공의들이 돌아오지 않으면 우리나라의 의료 시스템이 붕괴될 거라는 우려도 커지고 있어요. 의료계의 반발이 이어지자 정부는 각 대학이 의대 정원의 일부를 자율적으로 조정할 수 있게 하겠다고 발표했어요. 하지만 수험생들은 정원이 확정되지 않아 혼란스러워하고 있어요.

- **파업** 하던 일을 중지함
- **가중** 부담이나 고통 따위를 더 크게 하거나 어려운 상태를 심해지게 함
- **사직** 일자리에서 그만두는 것
- **공백** 아무것도 없이 비어 있음
- **반기** 반대의 뜻을 나타내는 행동이나 표시
- **복귀** 본디의 자리나 상태로 되돌아감

1. 정부와 의사가 갈등하고 있는 이유는 무엇 때문인가요?

----

2. 사람들 간의 갈등을 해결하기 위해서 필요한 자세는 무엇일까요?

----

3. 이 글에 대한 내 생각을 한 줄로 정리해 보세요.

 단어 깊이 알아보기

다음 단어에 대한 뜻풀이를 찾아 바르게 선으로 이어 보세요.

1. 공백 •   • ① 우리 아빠는 오래 일하신 회사에서 (   )하고 새 직장을 구하셨다.

2. 사직 •   • ② 우리 팀 친구 한 명이 빠져서 팀에 (   )이 생겼다.

3. 복귀 •   • ③ 사람들은 새로운 법에 반대하며 (   )를 들었다.

4. 반기 •   • ④ 다쳤던 축구 선수가 병원 치료 후 팀에 (   )했다.

 어떤 주제일까요?   • 경제 • 정치 • 사회 • 문화 • 과학 • 국제 • 환경 • 인물

연두색 번호판이 달린 차의 정체는?

　2024년부터 새로운 차량 번호판 제도가 시행되었어요. 고가 **법인 자동차**는 연두색 번호판을 달도록 한 것이에요. 법인 명의로 업무용 차를 구매하는 경우 각종 세금과 보험료의 혜택을 누릴 수 있어요. 그런데 그동안 많은 사람들이 법인 차량을 자신의 개인 차량처럼 사적으로 이용하는 경우가 많았어요. 국토부는 이러한 고가 법인 차량의 **사적 사용**을 막기 위해 이번 법을 시행했어요. 이 정책은 윤석열 대통령의 **대선 공약**이기도 했어요.

　이 법이 시행됨에 따라 8천만 원 이상의 법인 차량은 의무적으로 연두색 번호판을 사용해야 해요. 중고차일지라고 취득가가 8천만 원을 넘으면 연두색 번호판을 달아야 하지요. 이 번호판 제도가 도입된 후, 고가 법인차 등록 수가 크게 줄어들었어요. 연두색 번호판의 도입으로 법인 차량의 사적 사용을 줄어들고 **조세 형평성**이 높아졌다는 분석이에요.

　하지만 법인 차량의 연두색 번호판을 피하기 위한 **꼼수**도 생겨나고 있어요. 비싼 자동차를 저렴하게 구매했다고 다운(dowm) 계약서를 작성하여 연두색 간판을 달지 않는 사람들이 생긴 것이지요. 구입 가격을 축소 신고하면 관련된 세금도 줄어들기 때문에 이는 **탈세**에 해당해요.

- **법인 자동차** 개인이 아닌 회사에서 소유하는 차
- **사적 사용** 개인적인 용도로 사용하는 것
- **대선 공약** 대통령 선거에서 후보들이 유권자들에게 약속하는 계획이나 정책
- **조세 형평성** 세금이 공정하게 부과되는 것
- **꼼수** 째쩨한 수단이나 방법
- **탈세** 세금을 내지 않거나 줄이려는 불법적인 행위

1. 법인 자동차에 연두색 번호판을 달게 한 이유는 무엇인가요?

_____

_____

2. 내가 대통령이 된다면 어떤 공약을 하고 싶은지 써 보세요.

_____

_____

3. 이 글에 대한 내 생각을 한 줄로 정리해 보세요.

_____

💡 단어 깊이 알아보기

1. 공용 물품을 | ㅅ | ㅈ | ㅅ | ㅇ | 하면 안 된다.

2. | ㅈ | ㅅ | ㅎ | ㅍ | ㅅ | 이란 모든 납세자가 공정하게 세금을 부담해야 한다는 원칙이다.

3. 일부 기업은 세금을 줄이기 위해 | ㄲ | ㅅ | 를 쓰다 발견되기도 한다.

4. 대통령 후보들은 국민들의 관심을 끌기 위해 다양한 | ㄷ | ㅅ | ㄱ | ㅇ | 을 발표했다.

5. 정당한 세금을 내지 않고 | ㅌ | ㅅ | 를 하면 엄격한 처벌이 따른다.

어떤 주제일까요? · 경제 · 정치 · 사회 · 문화 · 과학 · 국제 · 환경 · 인물

정답 1. 사적 사용, 2. 조세 형평성, 3. 꼼수, 4. 대선 공약, 5. 탈세

187

최저임금 첫 '만 원' 돌파

　일을 하는 사람이 한 시간에 최소로 받아야 하는 금액을 **최저임금**이라고 해요. 국가는 임금의 최저 수준을 정해 근로자에게 이 금액보다 많은 돈을 지급하게 하여 저소득 근로자를 보호하고 있어요. 최저임금은 매년 '최저임금 위원회'의 심의를 통해 정해져요. 매년 최저임금을 얼마로 할 것인지를 놓고 근로자 측과 사용자 측이 팽팽하게 맞서고 있어요. 이번에도 팽팽한 줄다리기 끝에 최저임금이 1.7 퍼센트 인상되면서 이 제도가 시행된 지 37년 만에 시급이 만 원을 넘어섰어요. 2025년 시간당 최저 임금이 1만 30원으로 결정된 것이지요. 최근 최저임금 위원회는 우리나라가 **사상 처음**으로 최저임금 1만 원 시대에 들어섰다고 밝혔어요.

　하지만 이 결정에 대해 노동계는 높은 물가 인상률에 비하면 너무 낮은 인상률이라며 아쉽다는 반응을 보였어요. 반면 자영업자들은 현재도 **인건비**가 비싼데 최저임금이 더 오르면 자영업을 운영해도 남는 것이 없고, 사람을 고용하기 어렵다고 토로했어요. 또한 물가가 오르는 마당에 최저임금까지 오르면 결국 가격을 올리는 수밖에 없어서 결국 소비자에게 부담이 가중되는 **악순환**이 생길 것이라며 우려를 표했어요. 반면 근로자나 아르바이트생은 최저임금 인상률이 적다고 생각하고 있어요. 이처럼 **자영업자**와 **아르바이트생** 간의 의견 차이가 커지고 있는 가운데 2026년도 최저임금은 어떻게 결정될지 관심이 쏠리고 있어요.

- **최저임금** 일을 하는 사람들이 최소한으로 받아야 하는 돈의 양
- **사상 처음** 어떤 일이 처음으로 일어났다는 뜻
- **인건비** 사람을 부리는 데에 드는 비용
- **악순환** 나쁜 현상이 끊임없이 되풀이됨
- **자영업자** 자기 자신의 사업을 운영하는 사람
- **아르바이트생** 본래의 직업 이외에 부업으로 어떤 일을 하는 사람

1. 최저임금이란 무엇인가요?

....

2. 2025년 최저 임금에 대한 노동계와 자영업자들의 입장을 정리해 보세요.

노동계	
자영업자	

💡 단어 깊이 알아보기

다음 단어에 대한 뜻풀이를 찾아 바르게 선으로 이어 보세요.

1. 자영업자 •   • ① 사람을 부리는 데에 드는 비용

2. 아르바이트생 •   • ② 나쁜 현상이 끊임없이 되풀이됨

3. 인건비 •   • ③ 자기 자신의 사업을 운영하는 사람

4. 악순환 •   • ④ 본래의 직업 이외에 부업으로 어떤 일을 하는 사람

📋✅ 여기서 잠깐, 상식 노트

최저임금위원회

최저임금 위원회는 대한민국고용노동부 산하기관으로 대한민국의 최저임금을 결정하는 조직이에요. 최저임금법에 따라 매년 8월 5일까지 최저임금을 결정해 고시해야 해요. 고시된 최저임금은 다음해 1월 1일부터 효력이 발생해요.

🔍 어떤 주제일까요?   · 경제 · 정치 · 사회 · 문화 · 과학 · 국제 · 환경 · 인물

정답 1.③, 2.④, 3.①, 4.②

얌체 부모에겐 상속 못 해! 구하라 법 통과

　자녀의 양육 의무를 저버린 부모는 **상속**을 받지 못하는 일명 '구하라 법'이 마침내 국회를 통과했어요. **현행법**은 자녀가 사망했을 경우, 자녀의 재산은 부모에게 가도록 되어 있어요. 그런데 이번 **개정안**은 부양의무를 다하지 않았거나 **학대**를 한 경우 등 부모가 자녀의 재산이나 **보상금**을 상속받지 못하도록 제한하는 내용이 들어가 있어요. 2019년 유명 가수 구하라 씨가 사망하자, 어릴 때 가출해 20년이나 연락이 끊겼던 친모가 나타나 구하라 씨의 재산 상속을 요구했어요. 그러자 구하라 씨의 오빠는 "자녀를 돌보지 않은 부모는 재산을 받을 자격이 없다."라며 국회에 입법 청원을 했어요. 구 씨의 청원은 10만 명 이상의 동의를 얻었지만 20대, 21대 국회에서 논의되지 못하다가 4년 만인 22대 국회에서 법안이 통과된 것이지요.

　이전에도 천안함 사건이나 세월호 사고처럼 큰 사고로 사람들이 안타깝게 세상을 떠났을 때에도 자녀를 키우지 않은 부모가 상속을 요구하는 일이 있었어요. 양육의 의무는 다하지 않고, 재산만 상속받으려는 못된 부모들은 사회적 **공분**을 일으켰어요. 이제 이 법이 통과되면서 앞으로는 자녀를 제대로 돌보지 않은 사람은 재산을 상속받을 수 없게 되었어요. 이 법은 2026년부터 적용될 예정이에요.

- **상속** 어떤 사람이 죽은 후, 그 사람이 남긴 재산이나 권리가 살아남은 가족이나 친척에게 넘어가는 것
- **현행법** 현재 시행되고 있는 법률
- **개정안** 고쳐 바로잡은 안건
- **학대** 몹시 괴롭히거나 가혹하게 대우함
- **보상금** 어떤 피해를 입은 사람이나 단체에게 그 피해를 갚기 위해 주는 돈
- **공분** 다 같이 느끼는 분노

1. 구하라 법의 내용은 무엇인가요?

---

2. 국회와 국회의원에 대한 설명입니다. 알맞은 단어를 보기에서 찾아 빈칸을 완성해 보세요.

보기	선거	대표	법	의논

• 국회는 (ㅂ)을 만드는 곳이다.

• 국회의원은 4년마다 치러지는 (ㅅㄱ)를 통해 선출된다.

• 국회의원은 국민의 (ㄷㅍ)로서 국가의 중요한 일을 (ㅇㄴ)하고 결정한다.

💡 단어 깊이 알아보기

다음 단어에 대한 뜻풀이를 찾아 바르게 선으로 이어 보세요.

1. 현행법 •	• ① 어떤 사람이 죽은 후, 그 사람이 남긴 재산이나 권리가 살아남은 가족이나 친척에게 넘어가는 것
2. 상속 •	• ② 현재 시행되고 있는 법률
3. 학대 •	• ③ 고쳐 바로잡은 안건
4. 개정안 •	• ④ 몹시 괴롭히거나 가혹하게 대우함
5. 공분 •	• ⑤ 어떤 피해를 입은 사람이나 단체에게 그 피해를 갚기 위해 주는 돈
6. 보상금 •	• ⑥ 다 같이 느끼는 분노

📋✓ 여기서 잠깐, 상식 노트

입법 청원

국민이 국회에 특정 법률을 제정하거나 개정 혹은 폐지할 것을 요청하는 행위를 말해요. 우리나라 헌법 제26조에는 '모든 국민은 법률이 정하는 바에 의하여 국가기관에 문서로 청원할 권리를 가진다', '국가는 청원에 대하여 심사할 의무를 진다'라고 국민의 청원권을 보장해요.

어떤 주제일까요?　·경제　·정치　·사회　·문화　·과학　·국제　·환경　·인물

지구와 비슷한 행성이 있다고요?

여러분은 외계인의 존재를 믿나요? 우주는 상상할 수 없을 만큼 커요. 그래서 많은 과학자들은 우주에 지구인들 말고 다른 생명체가 살지는 않을지를 연구하고 있어요. 그런데 최근 지구와 온도가 비슷해 생명이 존재할 수 있는 **외계** 행성을 발견했어요. 바로 '글리제 12b'(Gliese 12b)라는 행성이지요. 우주의 대부분의 행성들은 온도가 너무 낮거나 높아 생명체가 살기 어려운 환경을 가지고 있어요. 그런데 글리제 12b는 표면 온도가 42도로 생명체가 존재할 가능성이 있어요. 크기도 지구보다 약간 작고, 지구가 태양을 주변을 공전하며 태양 에너지를 받는 것처럼 글리제12도 **공전**하며 에너지를 받고 있어요.

지구와 비슷한 점이 많지만 글리제 12b에 물이나 생명체가 존재하는지 아직은 확신하지 못해요. 하지만 과학자들은 글리제 12b가 지구와 비슷한 **대기**가 있거나 금성과 같은 상태에 있을 가능성이 있다고 보고 있어요. 사실을 확인해 보기 위해 우주선을 타고 직접 방문해 보면 좋겠지만 이 행성은 지구에서부터 약 40**광년**이나 떨어져 있어져 있어요. 현재의 기술로는 가장 빠른 우주선을 보내도 20만 년이 넘게 걸리지요. 하지만 과학자들은 우주 망원경을 통해 글리제 12b를 지속적으로 관측하여 생명체가 살 수 있는 행성인지 연구해 나가가겠다고 밝혔어요.

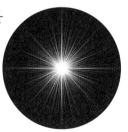

- **외계** 바깥 세계, 지구 밖의 세계
- **공전** 한 천체가 다른 천체의 둘레를 도는 것
- **대기** 천체의 표면을 둘러싸고 있는 기체
- **광년** 천체와 천체 사이의 거리를 나타내는 단위

1. 과학자들이 글리제 12b에 생명이 살 수도 있다고 생각하는 이유는 무엇인가요?

....

....

2. 우주에 외계인이 존재할 거라고 생각하나요? 자신의 생각을 써 보세요.

나는 우주에 외계인이 존재할 것이라고 (생각한다 / 생각하지 않는다)

왜냐하면 ....

....

단어 깊이 알아보기

예문의 초성을 참고하여 괄호 안에 알맞은 낱말을 써 보아요.

1. (   ): 한 천체가 다른 천체의 둘레를 도는 것

   예문: 지구는 태양 주위를 (ㄱㅈ)하면서 1년에 한 바퀴를 돈다.

2. (   ): 천체의 표면을 둘러싸고 있는 기체

   예문: 높은 산에 올라 신선한 (ㄷㄱ)를 들이마셨다.

3. (   ): 바깥 세계

   예문: 나는 어릴 적부터 (ㅇㄱ) 생명체에 대해 관심이 많았다.

 어떤 주제일까요?　　　・경제　・정치　・사회　・문화　・과학　・국제　・환경　・인물

정답 1. 공전, 2. 대기, 3. 외계

193

또다시 불붙은 우주탐사 경쟁

인간이 지구를 벗어나 우주에 관심을 갖게 된 것은 언제부터일까요? 인류의 우주**탐사** 역사는 1950년대 냉전 시대로 거슬러 올라가요. 이 시기에 소련과 미국은 사이가 좋지 않았고, 우주 개발 분야의 경쟁이 **치열**했어요. 처음에는 소련의 기술이 앞섰어요. 1957년 소련의 스푸트니크 1호, 2호 발사가 성공했고 1961년 유리 가가린이 보스토크 1호를 타고 지구 궤도를 돌아오는 데 성공했지요.

소련의 인공위성 발사에 충격을 받은 미국은 1958년 10월 미국 항공우주국 나사(NASA)를 설립했고, 달 탐사를 위한 아폴로 프로그램이 시작되었어요. 마침내 1969년 7월에 미국의 우주선 아폴로 11호가 달에 착륙하면서 닐 암스트롱은 인류 최초로 달을 밟은 사람으로 기록되었어요. 이후에도 달 탐사는 계속되었지만 높은 비용과 위험성 때문에 1972년 아폴로 17호를 마지막으로 인류는 달에 사람을 보내지 않았어요. 그리고 1991년 소련의 붕괴로 냉전이 종료되면서 우주 경쟁이 끝나고 순수 과학 목적으로 탐사가 시작되었어요.

그런데 최근 달에 희토류를 비롯한 **희귀** 광물이 많이 묻혀 있는 것으로 알려지면서 여러 나라의 달 탐사 경쟁이 시작되었어요. 우리나라도 2022년 8월, 달 궤도 탐사선 다누리 발사에 성공했지요. 미국 항공우주국도 2025년 다시 달에 사람을 착륙시키려고 '아르테미스 프로그램'을 **추진**하고 있어요.

- **탐사** 알려지지 않은 사물이나 사실 따위를 샅샅이 더듬어 조사함
- **치열** 기세나 세력 따위가 불길같이 맹렬하다
- **희귀** 드물어서 특이하거나 매우 귀함
- **추진** 목표를 향하여 밀고 나아감

1. 인류 최초로 달 착륙에 성공한 우주선의 이름과 우주 비행사의 이름을 적어 보세요.

---

2. 다시 여러 나라의 달 탐사 경쟁이 시작된 이유는 무엇인가요?

---

3. 이 글에 대한 내 생각을 한 줄로 정리해 보세요.

단어 깊이 알아보기

1. 주말 저녁 시청률 경쟁이 ㅊ ㅇ 하다.

2. 안경 원숭이는 ㅎ ㄱ 한 동물이다.

3. 어른들은 마을 운동회를 ㅊ ㅈ 하셨다.

여기서 잠깐, 상식 노트

아르테미스 프로그램은 달에 유인(有人) 착륙을 하는 것을 목표로 하고 있는 프로젝트예요. 2025년에는 아르테미스 3호가 사람을 태우고 달에 착륙할 예정이에요.

 어떤 주제일까요?   · 경제 · 정치 · 사회 · 문화 · 과학 · 국제 · 환경 · 인물

정답 1. 치열, 2. 희귀, 3. 추진

청소년 SNS 제한, 여러분의 생각은?

SNS로 재미있는 영상도 보고, 새로운 정보도 얻고, 친구와 소통도 할 수 있는 장점이 있어요. 하지만 사생활이나 개인 정보가 **유출**될 수 있는 위험이 있고, 스마트폰에 중독될 수 있다는 문제점이 있어요. 최근 중독적인 짧은 영상이나 **유해한** 콘텐츠에 노출되는 청소년이 늘어나면서 세계 각국에서는 청소년들에게 SNS 사용을 제한하려는 움직임이 활발해지고 있어요.

호주는 만 16세 미만의 청소년들이 SNS를 사용할 수 없게 하는 법을 준비 중이고, 미국 플로리다 주에서도 14세 미만의 SNS 사용을 **원천 차단**하는 정책을 실시하기로 했어요. SNS가 어린이와 청소년의 정신 건강에 좋지 않고, 각종 범죄의 원인이 될 수 있다고 생각했기 때문이에요. 하지만 이러한 정책이 10대들의 자유를 **침해**한다는 주장도 있어요.

이러한 논란이 계속되는 가운데 대표적인 SNS인 인스타그램에서는 청소년 계정을 자동으로 비공개 전환하는 정책을 발표했어요. 계정이 비공개로 전환되면 모르는 사람이 나의 게시물을 볼 수 없고 연결된 계정하고만 메시지를 주고받을 수 있게 돼요. 부모가 자녀의 인스타그램 사용 시간을 제한하는 기능과 자녀들이 주고받는 메시지의 상대를 확인할 수 있는 기능도 추가되었어요. 또한 오후 10시부터 오전 7시까지는 **수면** 모드가 기본으로 설정되어 알림이 차단돼요. 이 정책으로 인해 10대 이용자들이 줄어들겠지만 청소년을 보호하는 것이 더 중요하다고 판단한 거예요.

- **유출** 밖으로 흘러 나가거나 흘려 내보냄
- **유해한** 해로움이 있는
- **원천 차단** 근원을 완전히 막음
- **침해** 방해하여 해를 끼침
- **수면** 잠을 자는 일

기사 깊이 알아보기

1. SNS의 장점과 단점을 써보세요.

....

....

2. 청소년의 SNS 사용 제한법에 대한 나의 생각을 써 보세요.

나는 청소년 SNS 사용 제한법에 (찬성 / 반대) 한다.

왜냐하면 ....

....

....

3. 이 글에 대한 내 생각을 한 줄로 정리해 보세요.

....

단어 깊이 알아보기

예문의 초성을 참고하여 괄호 안에 알맞은 낱말을 써 보아요.

1. (   ): 방해하여 해를 끼침

   예문: 다른 사람의 권리를 (ㅊㅎ)하면 안 된다.

2. (   ): 잠을 자는 일

   예문: (ㅅㅁ)이(가) 부족하면 하루 종일 피곤하다.

3. (   ): 밖으로 흘러 나감

   예문: 비밀번호가 (ㅇㅊ)되지 않도록 잘 보관해야 한다.

어떤 주제일까요?

· 경제   · 정치   · 사회   · 문화   · 과학   · 국제   · 환경   · 인물

서울대생을 지역별로 나누어 뽑는다면?

　　최근 조사에 따르면 서울대학교에 강남 지역의 **고소득자** 자녀의 입학 비율이 더 높아지고 있다고 해요. 2023학년도 서울대 입학생 중 강남 3구(강남구, 서초구, 송파구) 출신의 학생 비율이 12퍼센트에 이르렀어요. 강남 3구는 고소득자들이 모여 있는 지역으로 알려져 있어요. 서울대 입학생 중 강남 3구의 학생이 12퍼센트나 된다는 것은 강남 3구의 학생들의 서울대 진학 비율이 매우 높다는 뜻이에요. 다른 조사에서도 대학에 입학한 학생들 중에서 상위 소득층 자녀의 상위권 대학 **진학률**은 저소득층 자녀에 비해 5.4배나 높다는 연구가 있었어요.

　　이러한 차이는 학생들의 입시 결과가 **잠재력** 차이보다는 부모의 **경제적 배경**에 크게 영향을 받는다는 뜻이에요. 이러한 현상을 막기 위해 한국은행은 서울대학교의 '지역 비례 선발제'를 제안했어요. 지역 비례 선발제는 대학 입시에서 학생들을 선발할 때, 학생들이 거주하는 지역의 비율에 맞춰서 선발하는 방법을 말해요. 지역 비례 선발제를 도입하면, 서울과 지방 간 교육 격차 문제를 해결할 수 있고, 경제력이 높지 않은 가정의 학생도 공정한 기회를 얻을 수 있을 것으로 기대돼요. 하지만 일부 사람들은 이러한 선발 방식이 고소득자 자녀들에게 오히려 **역차별**이 될 수 있다고 이야기하고 있어요.

- **고소득자** 소득이 높은 사람으로, 주로 연봉이 많거나 재산이 많은 사람
- **진학률** 특정 학교에 입학하는 비율로, 보통 특정 집단이나 지역에서의 통계
- **잠재력** 겉으로 드러나지 않고 속에 숨어 있는 힘
- **경제적 배경** 가정이나 개인의 경제적 상태
- **역차별** 부당한 차별을 받는 쪽을 보호하기 위하여 마련한 제도나 장치가 너무 강하여 오히려 반대편이 차별을 받음

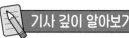

1. 한국은행이 서울대학교에 지역 비례 선발제를 제안한
이유는 무엇인가요?

©한국관광공사-촬영자

_____

_____

2. 기사를 읽고 서울대학교 비례 선발에 대해 찬성하는 입장과 반대하는 입장의 근거를 정리
해 보세요.

서울대학교 비례 선발 찬성	서울대학교 비례 선발 반대

다음 단어에 대한 뜻풀이를 찾아 바르게 선으로 이어 보세요.

1. 잠재력 •   • ① 우리 학교는 명문대 (   )이 높다.

2. 진학률 •   • ② 여성 전용 주차장은 남성에 대한 (   )이라고 주장했다.

3. 역차별 •   • ③ 나는 나에게 무한한 (   )이 있다고 믿는다.

어떤 주제일까요?   · 경제 · 정치 · 사회 · 문화 · 과학 · 국제 · 환경 · 인물

정답 ① 1. ③, 2. ①, 3. ②

올림픽 메달 리스트 포상, 과도한 걸까?

올림픽 메달의 영광은 메달을 따는 것으로 끝나는 것이 아니에요. 올림픽에서 메달을 따면 국위선양을 한 공로를 인정해 선수에게 다양한 혜택이 제공돼요. 메달 색깔에 따라 수천만 원에 달하는 **포상금**뿐 아니라 평생 나오는 연금 혜택을 받을 수 있어요. 또한 남자 운동 선수에게는 군 복무 대신 예술 체육 요원으로 복무할 수 있는 병역 **혜택**이 주어져요. 이뿐만 아니라 아파트 특별 공급까지 받을 수 있는 자격이 주어져요. 올림픽 메달리스트라면 이 제도를 이용해 일반인보다 쉽게 아파트 **청약**에 당첨될 수 있지요.

이에 대해 최근 많은 젊은이들이 불만을 제기하고 있어요. 운동 선수들은 개인의 성공과 영광을 위해 노력한 것뿐인데 국가 예산으로 많은 돈을 지출하는 것이 옳지 못하다는 것이지요. 한 인터넷 커뮤니티에는 공무원은 20년 일해야 받는 **연금**을 메달 땄다고 주는 건 이해할 수 없다는 의견이 올라왔어요. 또한 요즘 아파트 청약에 당첨되는 것이 로또에 당첨되는 것처럼 어려운데 포상금, 연금에 아파트 당첨 혜택까지 주는 것은 **과도**하다는 의견이 잇따랐어요. 반면 대한민국 국위를 선양하고 국민들에게 자부심을 갖게 해준 선수들은 이러한 혜택을 받을 자격이 있다는 의견도 있었어요. 또한 경제적 보상이 있어야 스포츠를 직업으로 하는 선수들이 나올 수 있고 체육 분야의 발전이 가능하다는 의견도 있었지요.

- **포상금** 칭찬하고 장려하여 상으로 주는 돈
- **혜택** 자연환경이나 사회 제도가 사람에게 주는 도움과 이익
- **청약** 일정한 계약을 체결하기 위해 신청함
- **연금** 정부, 회사 등의 단체가 일정 기간 동안 개인에게 해마다 주는 돈
- **과도** 일정한 정도나 한도를 넘어섬

1. 올림픽 메달을 딴 사람이 받게 되는 혜택에는 어떤 것들이 있나요?

_____

_____

_____

2. 올림픽 메달리스트에게 주어지는 혜택에 대한 나의 생각을 적어 보세요.

_____

_____

_____

💡 단어 깊이 알아보기

단어의 뜻을 올바르게 이어 보세요.

1. 포상금 •　　　　• ① 정부, 회사 등의 단체가 일정 기간 동안 개인에게 해마다 주는 돈

2. 연금 •　　　　• ② 칭찬하고 장려하여 상으로 주는 돈

3. 과도 •　　　　• ③ 자연환경이나 사회 제도가 사람에게 주는 도움과 이익

4. 혜택 •　　　　• ④ 일정한 정도나 한도를 넘어섬

🔍 어떤 주제일까요?　　· 경제　· 정치　· 사회　· 문화　· 과학　· 국제　· 환경　· 인물

생각을 글로 바꾸는 기술, 더 이상 꿈이 아니에요

글을 쓰기 귀찮을 때 내가 생각한 것을 모두 글로 바꾸어 주는 기술이 있으면 좋겠다는 상상을 해본 적이 있나요? 이제는 그러한 상상이 현실이 될 수도 있어요. 스위스 로잔공과대학교 연구진이 **마비** 환자의 생각을 글로 바꿀 수 있는 초소형 칩을 개발했어요. 'MiBMI'라고 불리는 이 장치는 '마이크로 뇌-기계 인터페이스'의 영어 약자예요. 뇌-기계 인터페이스는 뇌와 기계를 연결해 생각만으로 기계를 조작하는 기술을 말해요. 머리 속에서 생각만해도 이루어지는 마법 같은 기술이죠.

이번에 개발된 MiBMI는 마비로 인해 의사소통이 어려운 사람들을 위해 개발되었어요. 사람이 어떤 글자를 쓰는 것을 상상할 때 **독특한** 신호가 나오는데 이를 감지하여 글자로 바꾸어 줘요. 현재까지는 문자 31개를 해독하는 데 성공했고 정확도는 91퍼센트에 달해요. 연구진은 더 많은 문자를 **해독**할 수 있도록 연구를 이어가고 있어요. 이 기술이 완성되면 마비로 의사소통을 하지 못하는 사람들도 자신의 생각을 전달할 수 있게 될 것으로 기대하고 있어요.

한편 뇌-기계 인터페이스 칩은 신경세포 **손상**을 최소화하기 위해 계속 작아지고 있어요. 최근에는 소금 한 알보다도 작은 초소형 칩이 개발되기도 했어요. 기술의 발달로 초소형 칩을 뇌에 **삽입**하여 인간의 능력을 향상시킬 수 있는 날이 멀지 않았어요.

- **마비** 신경이나 근육이 형태의 변화 없이 기능을 잃어버리는 일
- **독특하다** 특별하게 다르다
- **해독** 잘 알 수 없는 암호나 기호 따위를 읽어서 풂
- **손상** 물체가 깨지거나 상함, 병이 들거나 다침
- **삽입** 틈이나 구멍 사이에 다른 물체를 끼워 넣음

1. 마이크로 뇌-기계 인터페이스 기술이 기대되는 이유는 무엇인가요?

-----

2. 내 머리에 컴퓨터처럼 프로그램을 설치한다면 어떤 능력을 설치하고 싶은가요?

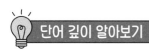

보기에서 단어를 골라 문장을 완성해 보세요.

보기	독특하다	마비	삽입	손상	해독

1. 너무 추워서 손이 (   )된 것처럼 느껴졌다.

2. 그 친구의 아이디어는 정말 (   ).

3. 교통사고로 뇌에 (   )을(를) 입어 말을 하지 못한다.

4. 과학자들이 로봇에 초소형 센서를 (   )했다.

5. 나는 친구의 비밀 메시지를 (   )하는 데 성공했다.

   · 경제 · 정치 · 사회 · 문화 · 과학   · 국제   · 환경 · 인물

정답 ◉ 1. 마비, 2. 독특하다, 3. 손상, 4. 삽입, 5. 해독

러시아에 파병된 북한군, 덩달아 불안한 대한민국

2022년 러시아가 우크라이나 **공습**하면서 양국 간에 전쟁이 벌어졌어요. 우크라이나와 러시아가 전쟁을 하게 된 것은 우크라이나가 나토(NATO)에 가입하려고 했기 때문이에요. 북대서양 조약 나토(NATO)는 과거 소련의 팽창을 막기 위해 미국, 프랑스, 독일 등의 서유럽 국가들이 조직한 군사 동맹이에요. 이후 체코, 폴란드 등의 동유럽 국가들도 하나둘 나토에 편입하면서 나토의 세력이 점차 러시아가 있는 동쪽까지 확대되기 시작했어요. 이에 러시아는 **국가안보**에 위협을 느꼈어요.

그러던 중 러시아와 국경이 맞닿아 있는 우크라이나까지 나토 가입을 추진하자 두 나라는 사이가 급격히 나빠졌어요. 우크라이나는 그동안 동유럽 국가와 러시아 사이에서 **완충지대** 역할을 해 왔는데, 우크라이나마저 나토에 가입하게 되면 러시아와 국경을 맞대고 있는 나라 대부분이 러시아를 견제하게 되기 때문이었죠. 러시아와 우크라이나 전쟁은 아직까지도 계속되면서 많은 **사상자**를 낳고 있어요.

그런데 최근 이 전쟁에 북한군이 러시아를 돕기 위해 **파병**되었다는 소식이 전해졌어요. 파병 소식이 전해지자 우크라이나의 대통령은 북한군이 **참전**하는 것은 세계 3차대전을 향한 첫 단계라면서 날을 세웠어요. 북한이 전쟁에 참전하면 우리나라까지 전쟁의 위험에 휩쓸리는 형국이 된 것이지요.

- **공습** 갑자기 공격하여 침
- **국가안보** 외부의 위협이나 침략으로부터 국가를 지키는 일
- **완충지대** 대립하는 나라들 사이의 충돌을 완화하기 위하여 설치한 중립 지대
- **사상자** 죽은 사람과 다친 사람
- **파병** 군대를 파견함
- **참전** 전쟁에 참여함

기사 깊이 알아보기

1. 러시아와 우크라이나 사이가 나빠진 이유는 무엇인가요?

----

2. 러시아는 세계에서 가장 넓은 나라예요. 지도에서 러시아를 찾아 색칠해 보세요.

러시아

단어 깊이 알아보기

다음 단어에 대한 뜻풀이를 찾아 바르게 선으로 이어 보세요.

1. 사상자 •   • ① 갑자기 공격하여 침

2. 공습 •   • ② 군대를 파견함

3. 참전 •   • ③ 전쟁에 참여함

4. 파병 •   • ④ 죽은 사람과 다친 사람

어떤 주제일까요?   • 경제 • 정치 • 사회 • 문화 • 과학 • 국제 • 환경 • 인물

정답 1.④, 2.①, 3.③, 4.②

GDP 대비 올림픽 순위, 한국은 몇 위일까?

　대한민국은 2024 파리 올림픽에서 금메달 순위 8위에 오르며 역대 최고 수준의 성적을 남겼어요. 지난 올림픽보다 줄어든 **규모**의 선수단이 **파견**되었지만 예상보다 더 훌륭한 성적을 거두었어요. 이번 올림픽에서는 한국 양궁은 여전히 세계 최고 수준이라는 것을 보여 주었고, 펜싱에서도 우리나라가 종주국이자 개최국인 프랑스를 누르고 금메달을 차지했지요. 사격 국가대표 김예지 선수는 테슬라의 CEO(최고 경영자)인 일론 머스크의 극찬을 받으며 세계적인 스타로 떠올랐고, 탁구 **신동**으로 불렸던 신유빈 선수의 인기가 치솟기도 했지요.

　국제 무대에서 우리나라 선수가 메달을 받는 일이 이제는 낯설지 않아요. 경제 규모가 큰 나라일수록 스포츠에 대한 지원이 많아 올림픽 성적도 더 우수한 편이거든요. 국가의 경제 규모를 알 수 있는 지표인 GDP(국내총생산)가 1위인 미국이 올림픽 종합 순위에서도 1위를 했고, GDP가 2위인 중국이 올림픽 종합 순위 2위를 차지했어요. 이 밖에도 GDP 규모 10위 이내의 국가 대부분이 올림픽 메달 순위 **상위권**을 차지했어요.

　그렇다면 GDP 대비 올림픽 메달 순위는 어떻게 될까요? 파리 올림픽 조직위원회에 따르면 GDP 대비 가장 좋은 성적을 거둔 나라 1위는 도미니카, 2위는 세인트루시아예요. 종합 순위 68위를 차지한 북한도 GDP 대비 순위로는 15위로, GDP 대비 좋은 성적을 거두었어요.

- **규모** 크기나 범위
- **파견** 임무를 주어 사람을 보냄
- **신동** 재주와 슬기가 남달리 특출한 아이
- **상위권** 높은 위치나 지위에 속하는 범위

기사 깊이 알아보기

1. 경제 규모가 큰 나라일수록 올림픽 성적이 더 우수한 이유는 무엇일까요?

---

2. 내가 좋아하는 운동선수나 운동 종목 한 가지를 골라 설명하는 글을 써보세요.

---

3. 이 글을 대한 내 생각을 한 줄로 정리해 보세요.

단어 깊이 알아보기

단어의 뜻을 올바르게 이어 보세요.

1. 규모 •   • ① 사고파는 물품

2. 후원 •   • ② 크기나 범위

3. 상품 •   • ③ 임무를 주어 사람을 보냄

4. 파견 •   • ④ 뒤에서 도와줌

5. 서비스 •   • ⑤ 상품을 운반하거나 생산, 소비에 필요한 일을 제공하는 것

어떤 주제일까요?   • 경제 • 정치 • 사회 • 문화 • 과학 • 국제 • 환경 • 인물

정답 1.② 2.④ 3.① 4.③ 5.⑤

빚이 너무 많아 유적까지 파는 이탈리아

　이탈리아 정부가 국가 부채를 줄이기 위해서 카푸아 성 등 유명 문화 유적을 **매각**하기로 결정했어요. 국가 부채란 정부가 부족한 **재정**을 충당하기 위해서 국내외에서 빌려 쓴 돈을 말해요. 한마디로 '나라 빚'이라고 할 수 있지요. 이탈리아 정부의 빚을 갚기 위해 경매에 나오게 된 카푸아 성은 16세기에 지어진 성으로 이탈리아 남부 나폴리 **인근**에 위치해 있어요. 카푸아 성의 감정 평가액은 2억 4천만 유로로 우리 돈 약 3천 600억 정도예요. 유명 유적지인만큼 **경매**에 넘겨지면 **낙찰가**는 더 높을 것으로 예상돼요.

　이탈리아 정부는 이 밖에도 나폴레옹의 유배지로 알려진 엘바 섬 등대를 비롯한 궁전, 별장 등도 매각하려 하고 있어요. 국가 부채를 감축하기 위해 정부 소유 자산을 매각하기로 했기 때문이에요. 2023년 말을 기준으로 이탈리아의 국가 부채 규모는 국내 총생산(GDP)의 137퍼센트로 유럽에서 두 번째로 높아요. 국가 부채 규모가 커지는 것은 국가 경제를 어렵게 만들 수 있어요. **국제통화기금(IMF)**은 이탈리아에게 국가 부채를 줄여야 한다고 경고했어요. 우리나라는 국가 부채가 GDP의 약 55퍼센트이지만 증가 속도가 빨라 우려가 커지고 있어요. 우리나라도 이탈리아의 사례를 타산지석 삼아 국가 부채를 줄이려는 노력이 필요해요.

- **매각** 땅이나 주식 등을 돈을 받고 남에게 넘김
- **재정** 국가 또는 공공 단체가 행정 활동이나 공공 정책의 시행에 필요한 재산을 조달하고 관리 사용하는 일체의 경제활동
- **인근** 어떤 지점이나 위치를 기준으로 가까이 인접해 있는 곳
- **경매** 어떤 물건을 사려는 사람이 여럿일 때, 값을 제일 높게 부른 사람에게 팖
- **낙찰가** 경매나 경쟁 입찰에서 물건이나 일이 어떤 사람이나 단체에 돌아가도록 결정된 가격
- **국제통화기금(IMF)** 세계 경제의 안정을 목적으로 설립된 국제 금융 기구

1. 카푸아 성은 어떤 성인가요?

....

....

2. 기사의 내용으로 옳은 것에 동그라미 표하세요.

• 이탈리아는 국가 부채를 줄이기 위해 문화 유적을 팔고 있다.　　　　(　　　)

• 이탈리아는 유럽에서 빚이 가장 많은 나라이다.　　　　(　　　)

• 우리나라는 빚이 줄어들고 있어 걱정할 필요가 없다.　　　　(　　　)

3. 이 글을 대한 내 생각을 한 줄로 정리해 보세요.

....

단어 깊이 알아보기

다음 문장에 들어갈 단어를 순서대로 써 보세요.

• 우리 아파트 앞 상가가 ｜ㄱ｜ㅁ｜ 에 나와서 높은 ｜ㄴ｜ㅊ｜ㄱ｜ 에 ｜ㅁ｜ㄱ｜ 되었다.

사자성어 깊이 알아보기

타산지석(다를 타 他, 메 산 山, 갈 지 之, 돌 석 石)

다른 산의 나쁜 돌이라도 자신의 산의 옥돌을 가는 데에 쓸 수 있다는 뜻이에요. 본이 되지 않은 남의 말이나 행동을 보고 자신을 돌아보고 인격을 수양하는 데에 도움이 될 수 있음을 비유적으로 이르는 말이지요.

 어떤 주제일까요?　　　　•경제　•정치　•사회　•문화　•과학　•국제　•환경　•인물

빙하 녹은 알프스, 국경도 옮겼다

기후 변화로 알프스 산맥의 빙하가 녹으면서 스위스와 이탈리아가 알프스 산맥 주변의 국경선을 다시 정하기로 했어요. 외신에 따르면 최근 스위스 정부는 국경을 새로 조정하는 내용의 **조약**을 **비준**했어요.

기존 국경은 1815년 두 나라 사이에 놓인 알프스 산맥의 마터호른 산 능선을 따라 자연적으로 형성됐어요. 그러나 지구온난화로 **능선**에 쌓인 빙하가 급격히 녹으면서 능선이 남쪽으로 100~150미터 밀렸어요. 스위스 **영토**는 늘고, 이탈리아 땅은 줄어든 것이지요. 이에 따라 두 나라는 국경에 대한 협상을 벌여 왔어요.

스위스 이탈리아 공동위원회는 주변 능선이 아닌 각 봉우리와 계곡 등 빙하의 영향이 적은 지형물을 기준으로 국경을 다시 나누기로 합의했어요. 국경선이 **재편**된 것은 이번이 처음이 아니에요. 지난 2000년에도 빙하가 빠르게 소실되면서 스

위스 체르마트 인근 국경이 한 차례 재편된 적이 있어요. 한편, 유럽에서 가장 빙하가 많은 국가인 스위스예요. 스위스에서는 2022년 전체 빙하의 6퍼센트가 녹아내렸고, 2023년에는 전체 빙하의 4퍼센트가 녹았어요.

- **조약** 조목을 세워 맺은 언약
- **비준** 조약을 최종적으로 확인하고 동의함
- **능선** 산등성이를 따라 죽 이어진 선
- **영토** 국가의 통치권이 미치는 구역
- **재편** 다시 편성함

1. 스위스와 이탈리아가 국경을 다시 그리게 된 이유는 무엇인가요?

2. 세계 시민으로서 지구촌의 문제 중 어떤 문제를 해결해 보고 싶은지 적고 내가 실천할 수 있는 일을 적어 보세요.

---
tip <세계 시민이란?>

지속 가능한 미래를 만들기 위해 지구촌 문제에 관심을 갖고 해결하려고 적극적으로 협력하고 참여하는 사람입니다.

참여하고 싶은 과제	1. 빈곤과 기아 퇴치 2. 환경 보호의 실천 3. 문화적 차별 극복
참여 계획	

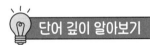 단어 깊이 알아보기

단어와 뜻을 알맞게 연결해 보세요.

1. 조약 •   • ① 조약을 최종적으로 확인하고 동의함

2. 비준 •   • ② 조목을 세워 맺은 언약

3. 능선 •   • ③ 국가의 통치권이 미치는 구역

4. 영토 •   • ④ 산등성이를 따라 죽 이어진 선

 어떤 주제일까요?   ·경제 ·정치 ·사회 ·문화 ·과학 ·국제 ·환경 ·인물

ⓔ ㉠ 1.② 2.① 3.④ 4.③ **정답**

기후 플레이션, 물가를 올려요

　지구가 뜨거워지면 우리가 먹는 음식이 비싸진다는 사실을 알고 있나요? 지구가 점점 더워지고 가뭄이 심해지면 농작물이 잘 자랄 수 없어요. 그러면 먹을거리가 부족해져 음식 가격이 오를 수 있어요. 실제로 최근 세계 여러 나라의 **기후변화** 때문에 농산물 가격이 급등하고 있어요. 예를 들어 초콜릿의 주원료인 코코아, 오렌지 주스, 올리브유 등의 가격이 역대 최고 수준에 도달했어요.

　과학자들은 앞으로도 기후변화가 계속되면 2050년까지 식품 가격이 50퍼센트 더 오를 것이라고 경고하고 있어요. 이렇게 기후로 인해 물가가 상승하는 현상을 기후 플레이션이라고해요. 날씨를 나타내는 기후와 물가상승을 뜻하는 인플레이션이 합쳐진 말이지요.

　기후변화가 농산물 생산에 미치는 영향은 전 세계적으로 큰 문제로 떠오르고 있어요. 기후 변화로 인한 식량난으로 전쟁이 일어날 가능성까지 있다고 하니 무서운 일이에요. 그래서 세계 여러 나라가 자국의 **식량 안보**를 강화하기 위해 법과 정책을 마련하고 있어요. 중국의 경우 식량을 자급 자족할 수 있도록 '식량 안보법'을 시행하고 있어요. 우리나라는 쌀을 제외한 대부분의 곡물을 **수입**에 **의존**하고 있어서 기후 플레이션에 더욱 취약해요. 우리나라도 식량안보를 지키기 위한 노력이 필요해요.

- **기후변화** 지구의 날씨가 오랫동안 변하는 현상으로, 주로 온도가 높아지거나 비가 덜 오는 등의 변화
- **식량 안보** 식량이 부족하지 않도록 나라에서 사람들이 먹을 음식을 안정적으로 확보하고 관리하는 것
- **수입** 한 나라가 다른 나라에서 상품이나 물건을 사들여 오는 것
- **의존** 어떤 것에 기대거나 도움을 받아서 살아가는 것

1. 지구가 뜨거워지면 왜 음식이 비싸지나요?

2. 우리나라가 기후 플레이션에 더욱 취약한 이유는 무엇인지 기사에서 찾아 써보세요.

단어 깊이 알아보기

1. ㅅ ㅇ 제품이 늘어나면서 소비자들의 선택 폭이 넓어졌다.

2. ㄱ ㅎ ㅂ ㅎ 가 심해지면서 전 세계가 환경 문제에 더 집중하고 있다.

3. ㅅ ㄹ ㅇ ㅂ 를 확보하기 위해 다양한 농업 기술과 정책이 필요하다.

4. 사람들이 다양한 전자기기에 ㅇ ㅈ 하는 경향이 점점 강해지고 있다.

사자성어 깊이 알아보기

자급자족(스스로 자 自, 줄 급 給, 스스로 자 自, 발 족 足)

누군가의 도움을 거의 받지 않거나 도움 없이 자신에게 필요한 것을 스스로 직접 만들어서 사용한다는 뜻이에요.

 어떤 주제일까요?　　·경제　·정치　·사회　·문화　·과학　·국제　·환경　·인물

방귀 뀌는 가축에게
세금을 부과한다고요?

덴마크가 세계에서 처음으로 가축의 방귀와 트림에서 나오는 **메탄가스**에 **탄소세**라는 세금을 부과하기로 했어요. 가축의 방귀와 트림에서는 메탄가스가 배출되는데, 이 메탄가스는 지구온난화에 큰 영향을 미쳐요. 그래서 덴마크 정부는 2030년부터 소, 양, 돼지 등에서 나오는 메탄가스 1톤당 우리나라 돈 약 6만 원의 세금을 부과하고 세금을 점차 높여 나가겠다고 발표했어요.

덴마크는 소고기와 우유를 많이 생산하는 농업 강국이자 가축에 탄소세를 도입하겠다고 발표한 첫 번째 나라예요. 덴마크 정부는 2030년까지 탄소세 도입을 통해 **온실가스** 배출량을 180만 톤 줄이겠다고 하고 있어요. 그러나 덴마크의 국민들은 이 법안이 유제품 가격을 올려 경쟁력을 낮출 것이라고 우려하고 있어요. 그럼에도 불구하고 덴마크 정부는 **농축산업**을 친환경적으로 바꾸어 나가기 위해 탄소세를 추진하겠다는 입장이에요.

지구의 환경을 보호하는 것은 인류의 생존을 위해 매우 중요한 문제예요. 그래서 다른 많은 국가들도 탄소 배출을 **감축**시키기 위해 여러 가지 노력을 하고 있어요. 따라서 덴마크의 사례를 통해 앞으로 다른 나라들도 가축에 대한 세금을 부과하게 될 수도 있어요.

- **메탄가스** 가축의 방귀와 트림에서 나오는 가스
- **탄소세** 온실가스 배출에 대해 부과되는 세금
- **온실가스** 이산화탄소, 메탄처럼 지구온난화를 일으키는 가스
- **농축산업** 농업과 축산업을 아울러 이르는 말
- **감축** 덜어서 줄임

1. 탄소세가 생기면 어떤 점이 좋을까요?

----

2. 국가가 정해 놓은 국민의 의무 중 탄소세를 내는 것은 어떤 의무인지 골라 보세요.

① 교육의 의무   ② 국방의 의무   ③ 납세의 의무   ④ 근로의 의무

단어 깊이 알아보기

기사문을 요약한 문장의 빈칸에 들어갈 단어를 써 보세요.

• 덴마크는 지구온난화를 일으키는 ㅇ ㅅ ㄱ ㅅ 중 하나인 ㅁ ㅌ ㄱ ㅅ 를
  ㄱ ㅊ 하기 위해 ㅌ ㅅ ㅅ 를 부과하기로 했어요.

여기서 잠깐, 상식 노트

대한민국 헌법에는 국민의 4대 의무가 명시되어 있어요.

1. **교육의 의무:** 대한민국헌법 제31조 - 모든 국민은 그 보호하는 자녀에게 적어도 초등교육과 법률이 정하는 교육을 받게 할 의무를 진다.

2. **근로의 의무:** 대한민국헌법 헌법 제32조 - 모든 국민은 근로의 의무를 진다.

3. **납세의 의무(세금 납부의 의무):** 대한민국헌법 제38조 - 모든 국민은 법률이 정하는 바에 의하여 납세의 의무를 진다.

4. **국방의 의무:** 대한민국 헌법 제39조 - 모든 국민은 법률이 정하는 바에 의하여 국방의 의무를 진다.

 어떤 주제일까요?   · 경제 · 정치 · 사회 · 문화 · 과학 · 국제 · 환경 · 인물

정답 온실가스, 메탄가스, 감축, 탄소세

정답 2. ③

자꾸 날아오는 북한 오물 풍선

최근 우리나라와 북한과의 관계가 악화되면서 북한에서 우리나라 쪽으로 **오물** 풍선을 날려 보내는 일이 잦아지고 있어요. 오물 풍선에는 각종 쓰레기들이 담겨 있는데 이 풍선들이 추락하면서 공장이나 산에 불이 나기도 하고, 자동차가 망가지는 사고가 일어나고 있어요. 풍선과 오물을 분리하기 위해 장착한 발열 타이머 때문에 불이 붙을 수 있기 때문이에요. 나중에는 폭발물 같은 더 위험한 물질을 날려 보내면 어떻게 하냐는 국민들의 우려가 커지고 있어요.

일부 풍선은 대통령실 청사에 **낙하**하면서 그 심각성이 커지고 있어요. 국민들도 북한의 도발에 "정부가 더 적극적으로 대응해야 하는 것 아니냐"라는 목소리를 내고 있어요. 하지만 정부는 "풍선이 자연적으로 떨어지면 그걸 **수거**하는 게 가장 안전한 방법"이라고 하고 있어요. 국방부에 따르면, 풍선을 공중에서 **격추**시키면 풍선 안에 담긴 것들이 떨어져 더 큰 피해를 줄 수 있기 때문이에요. 그 대신에 우리나라는 북한 **접경 지역**에 대북 확성기를 가동해 우리나라의 다양한 뉴스를 방송하고, 북한 체제를 비판하는 방송을 내보내기 시작했어요.

그러자 북한도 확성기를 통해 각종 소음을 내보내면서 남북 접경 지역 주민들이 극심한 피해를 보고 있어요. 이렇게 남북 관계가 악화되자 북한은 우리나라와 연결된 경의선과 동해선 남북 연결 도로 일부 구간을 폭파하는 등 우리나라에 대한 **적대감**을 드러내고 있어요.

- **오물** 지저분하고 더러운 물건. 쓰레기나 배설물 따위
- **낙하** 높은 데서 낮은 데로 떨어짐
- **수거** 떨어진 물건이나 쓰레기 등을 모아서 치우는 일
- **격추** 하늘을 나는 물체(풍선, 비행기 등)를 공중에서 떨어뜨리거나 파괴하는 것
- **접경 지역** 경계가 서로 맞닿아 있는 지역
- **적대감** 적으로 여기는 감정

기사 깊이 알아보기

1. 국방부가 오물 풍선에 적극적으로 대응하지 못하고 있는 이유는 무엇인가요?

----

2. 다음은 우리나라가 남북 분단으로 겪고 있는 어려움입니다. 알맞은 낱말을 보기에서 찾아 빈칸을 완성해 보세요.

보기	이산가족	국방비	전쟁	불안감	지리적 이점

• (　　　　　　　)이 만나지 못해 고통을 받고 있다.

• 남북한이 대치하고 있어 (　　　　　　)가 계속 증가하고 있다.

• 많은 사람들이 다시 (　　　　　)이 일어날 수도 있다는 (　　　　　) 속에서 살고 있다.

• 대륙과 해양을 잇는 한반도의 (　　　　　　)을 누리지 못하고 있다.

단어 깊이 알아보기

1. 군용기는 적의 공격을 받아 결국 　ㄱ　ㅊ　되었다.

2. 　ㅇ　ㅁ　 때문에 산책로가 더럽혀져 환경미화원들이 청소에 나섰다.

3. 매주 수요일은 재활용 쓰레기를 　ㅅ　ㄱ　해가는 날이다.

4. 과거의 갈등으로 인해 이웃 나라와의 　ㅈ　ㄷ　ㄱ　이 아직 남아 있다.

5. 　ㅈ　ㄱ　ㅈ　ㅇ　 주민들은 가끔씩 들려오는 경고 방송에 익숙해져 있다.

어떤 주제일까요?　　　•경제　•정치　•사회　•문화　•과학　•국제　•환경　•인물

불날까 봐 무서워요, 줄어드는 전기차 판매

　그동안 자동차는 기름이나 가스를 주입해야만 운행할 수 있었어요. 그런데 전기로 충전해 움직이는 전기 자동차가 개발되면서 기름 값도 들지 않고 소음도 적은 전기차의 인기가 치솟았어요. 정부에서도 **매연**을 내뿜지 않는 전기차가 환경보호에 도움이 된다며 정부 **지원금**을 지원하는 등 전기차 인기를 더욱 끌어올렸어요.

　그런데 최근에 인천의 한 아파트 지하 주차장에서 전기차에 화재가 일어났어요. 이로 인해 큰 피해가 있었어요. 이 화재로 40대의 차량이 피해를 입었고, 23명이 **유독가스**를 흡입해 병원으로 옮겨졌으며 800명 이상의 주민은 임시 거처로 이동해야 했어요. 전기차에서 화재가 난 경우, 불을 끄기도 매우 어려워 피해가 더 컸어요. 이러한 사고가 잇따르자 많은 사람들이 전기차의 안전성에 대한 **우려**를 하게 되었고, 전기차 판매량이 크게 줄어들었어요.

　한국수입자동차협회에 따르면 사고 이후 수입 전기차를 **신규 등록**하는 대수가 10퍼센트 이상 급격히 줄어 들었어요. 특히 화재가 난 차종의 판매는 절반 이상 줄어든 것으로 나타났어요. **소비자**들의 전기차에 대한 걱정이 커지면서, 앞으로 전기차 판매가 더 줄어들 것이라는 전망이 나오고 있어요. 이로 인해 중고 전기차의 가격도 하락하고 있어요.

- **매연** 연료가 탈 때 나오는, 그을음이 섞인 연기
- **지원금** 지지하여 돕기 위하여 주는 돈
- **유독가스** 독성이 있어 생물에 큰 해가 되는 기체
- **우려** 걱정이나 불안한 마음
- **신규 등록** 새로 차를 등록하는 것
- **소비자** 물건을 사는 사람

기사 깊이 알아보기

1. 전기차의 장점을 적어 보세요.

2. 불이 붙는 현상을 연소라고 합니다. 연소가 일어나기 위한 조건 세 가지를 보기에서 골라 알맞게 써 보세요.

보기	산소	탈 물질	발화점 이상의 온도

- 나무, 종이 등과 같은 (　　　　　　)이 있어야 한다.
- (　　　　　　)가 부족하면 탈 물질이 있어도 연소가 일어나지 않는다.
- 낮은 온도에서는 불이 잘 붙지 않고, (　　　　　　)가 필요하다.

3. 이 글을 대한 내 생각을 한 줄로 정리해 보세요.

단어 깊이 알아보기

보기의 단어 중 빈칸에 들어갈 알맞은 단어를 차례로 넣어 보세요.

보기	매연	신규 등록	우려

(　　　　　　) 문제에 대한 (　　　　　　)가 커지면서 친환경 차량의 (　　　　　　)이 늘고 있다.

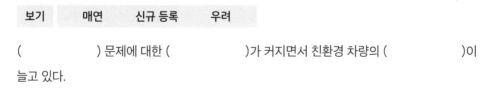

어떤 주제일까요? • 경제 • 정치 • 사회 • 문화 • 과학 • 국제 • 환경 • 인물

정답 매연, 우려, 신규 등록

정답 탈 물질, 산소, 발화점 이상의 온도

바닷물로 전기를 만든다고?

　우리는 살아가면서 많은 전기를 사용해요. 집 안에 불을 켜거나 전자제품을 사용할 때, 공장에서 물건을 만들 때도 전기를 필요로 하지요. 전기를 만들려면 화석연료인 석유나 석탄이 필요해요. 그런데 화석연료는 매연과 같은 오염 물질을 배출한다는 문제점이 있어요. 또한 석탄이나 석유는 점차 **고갈**되고 있어 화석연료를 대체할 수 있는 에너지의 필요성이 높아지고 있어요. 이에 따라 세계 여러 나라에서는 일상생활에서 버려진 물, 빛, 진동 등을 '**수확**'(하베스팅)해 전기 에너지로 변환하는 에너지 하베스팅 기술에 대한 연구가 활발하게 진행되고 있어요.

　최근 우리나라의 연구진이 바닷물로 전기를 생산할 수 있는 '에너지 하베스터'라는 장치를 개발했어요. '에너지 하베스터'는 바닷물 속 전기를 띤 나트륨 이온이 이동하는 과정에서 발생하는 전기를 모으는 원리예요. 기존에도 물을 활용한 에너지 하베스터가 있었지만 물의 움직임을 **인위적**으로 발생시키기 위해 외부 에너지를 계속 투입해야 했어요. 그런데 이번에 개발된 에너지 하베스터는 바닷물의 자연스러운 이동을 이용하기 때문에 바다 한가운데에서도 지속적으로 작동할 수 있

어요. 바다는 지구 표면적의 약 70퍼센트를 차지하는 자원이에요. 그래서 바닷물을 이용한 에너지 하베스팅 기술을 **상용화**할 수 있게 되면 에너지 문제를 해결하는 데 큰 역할을 할 것으로 기대돼요.

- **고갈** 어떤 일의 바탕이 되는 돈이나 물자, 소재, 인력 따위가 다하여 없어짐
- **수확** 익은 농작물을 거두어들임. 또는 거두어들인 농작물
- **인위적** 자연의 힘이 아닌 사람의 힘으로 이루어지는 것
- **상용화** 물품 따위가 일상적으로 쓰이게 됨

기사 깊이 알아보기

1. 에너지 하베스팅 기술이란 무엇인가요?

_____

_____

2. 우리 집에서 전기 절약을 실천할 수 있는 방법을 두 가지 적어 보세요.

_____

_____

3. 이 글을 대한 내 생각을 한 줄로 정리해 보세요.

_____

단어 깊이 알아보기

다음의 단어 중 반대되는 뜻을 지닌 단어를 찾아보아요.

확	상	평	자	확	하
풍	부	범	수	연	모
화	주	한	발	용	적

1. 인위적 ↔ (   )

2. 획기적 ↔ (   )

3. 고갈   ↔ (   )

어떤 주제일까요?   ・경제 ・정치 ・사회 ・문화 ・과학 ・국제 ・환경 ・인물

학년 구분	소제목	과목 구분
1학년	파리 패럴림픽, 감동의 레이스	1-2 국어 4. 감동을 나누어요
	읽는 건 멋진 거예요	1-2 국어 5. 생각을 키워요
	어린이 실수로 3천 500년 된 항아리가 와장창!	1-2 국어 5. 생각을 키워요
	모여서 달리기하지 마세요!	1-2 국어 7. 무엇이 중요할까요?
	진짜 부자들의 멋진 기부	1-2 국어 8. 느끼고 표현해요
2학년	똑똑한 까마귀, 숫자도 셀 수 있어요	2-1 국어 3. 겪은 일을 나타내요
	코알라 포옹을 금지합니다	2-1 국어 6. 자신의 생각을 표현해요
	전국은 지금 하츄핑 열풍	2-1 국어 8. 다양한 작품을 감상해요
	나이는 숫자일 뿐, 102세 할머니의 도전	2-2 국어 1. 장면을 상상하며
	싱크홀이 위험해요!	2-2 국어 1. 장면을 상상하며
	남방큰돌고래 '종달이' 구조 작전!	2-2 국어 4. 마음을 전해요
	AI 미인 대회 우승자는?	2-2 국어 6. 매체를 경험해요
	세븐틴, 유네스코에서 청년들의 꿈을 응원하다!	2-2 국어 7. 내 생각은 이래요
3학년	독립운동가에게 선물한 밝은 미소	3-1 국어 4. 내 마음을 편지에 담아
	AI가 선물한 특별한 추석 선물	3-1 국어 4. 내 마음을 편지에 담아
	2년 만에 열린 올림픽 피겨 시상식	3-1 국어 6. 일이 일어난 까닭
	을사년은 푸른 뱀의 해	3-1 국어 6. 일이 일어난 까닭
	돌솥 비빔밥은 우리 문화야!	3-1 사회 2. 우리가 알아보는 고장 이야기
	도로의 무법자 킥라니를 조심하세요	3-1 사회 3. 교통과 통신 수단의 변화
	국내 첫 자율 주행 택시 운행 시작!	3-1 사회 3. 교통과 통신 수단의 변화
	이제 로켓도 재활용 시대!	3-1 사회 3. 교통과 통신 수단의 변화
	불빛이 좋은 게 아니었어? 날벌레가 불빛에 모이는 이유	3-1 과학 1. 과학자는 어떻게 탐구할까요?

	레고 블록, 이젠 친환경 플라스틱으로 만들어요	3-1 과학 2. 물질의 성질
	양서류도 엄마 젖을 먹는다고?	3-1 과학 3. 동물의 한살이
	백설공주와 인어공주, 피부색 논란!	3-2 국어 1. 작품을 보고 느낌을 나누어요
	프로야구, 역대 최다 관중!	3-2 국어 3. 자신의 경험을 글로 써요.
	역사 속으로 사라지는 보신탕 문화	3-2 사회 1. 환경에 따라 다른 삶의 모습
	초저출산 시대, 대한민국이 망할 수도 있다고?	3-2 사회 2. 시대마다 다른 삶의 모습
	캥거루처럼 엄마 품에 있는 청년들	3-2 사회 3. 가족의 형태와 역할 변화
	제 돈은 반려동물에게 줄게요	3-2 사회 3. 가족의 형태와 역할 변화
	암탉도 화가 나면 얼굴이 빨개져요!	3-2 과학 2. 동물의 생활
	헌혈하는 강아지, 공혈견을 아시나요?	3-2 과학 2. 동물의 생활
	태국 동물원의 인기 스타, 아기 하마 무뎅	3-2 과학 2. 동물의 생활
4학년	고대 문화의 중심지가 물에 잠기고 있어요!	4-1 국어 8. 이런 제안 어때요
	월세가 4억이라고?	4-1 사회 1. 지역의 위치와 특성
	달 크레이터 이름이 남병철이라고요?	4-1 사회 2. 우리가 알아보는 지역의 역사
	한 달 만에 등교한 친구를 위한 깜짝 파티!	4-2 국어 2. 마음을 전하는 글을 써요
	얼굴 없는 거리의 화가, 뱅크시는 누구?	4-2 국어 6. 본받고 싶은 인물을 찾아봐요
	가짜 사진에 속은 트럼프	4-2 국어 8. 생각하며 읽어요
	음식물 쓰레기 재활용, 대한민국을 본받으세요!	4-2 사회 1. 촌락과 도시의 생활 모습
	해녀를 지키는 법을 만들어요	4-2 사회 1. 촌락과 도시의 생활 모습
	키울수록 손해, 한우 농가를 구해 주세요!	4-2 사회 2. 필요한 것의 생산과 교환
	높아지는 김치의 인기!	4-2 사회 2. 필요한 것의 생산과 교환
	물가 안정 특별 대책! 사과와 배 4만 톤이 풀려요	4-2 사회 2. 필요한 것의 생산과 교환
	늘어나는 택배, 힘들어지는 택배 기사	4-2 사회 2. 필요한 것의 생산과 교환
	다이아몬드, 이제 실험실에서 만들어요	4-2 사회 2. 필요한 것의 생산과 교환
	비트코인 덕분에 당선된 대통령이 있다고?	4-2 사회 3. 사회 변화와 문화의 다양성
	민간인이 첫 우주유영에 성공했어요!	4-2 사회 3. 사회 변화와 문화의 다양성

	필리핀 육아 도우미 찬반 논란	4-2 사회 3. 사회 변화와 문화의 다양성
	한국 사람 없는 한국 아이돌	4-2 사회 3. 사회 변화와 문화의 다양성
5학년	한강, 한국 최초로 노벨 문학상 수상!	5-1 국어 2. 작품을 감상해요
	이제는 도슨트도 AI 시대!	5-1 국어 2. 작품을 감상해요.
	걸어서 우리나라 한 바퀴!	5-1 사회 1. 국토와 우리 생활
	세계 최초 청각장애 아이돌 그룹, 빅오션	5-1 사회 2. 인권 존중과 정의로운 사회
	무인 편의점, 절도로 골머리	5-1 사회 2. 인권 존중과 정의로운 사회
	한국 드라마 본 죄로 처벌된 북한 학생들	5-1 사회 2. 인권 존중과 정의로운 사회
	범죄 처벌 연령, 낮춰야 할까?	5-1 사회 2. 인권 존중과 정의로운 사회
	흑인도 아빠 있어요, 인종차별 부른 광고	5-1 사회 2. 인권 존중과 정의로운 사회
	학교 폭력, 절대 안 돼요!	5-1 사회 2. 인권 존중과 정의로운 사회
	수성에 다이아몬드가 가득하다고?	5-1 과학 3. 태양계와 별
	관측 사상 가장 오래된 블랙홀 발견!	5-1 과학 3. 태양계와 별
	드론으로 말벌 잡는다	5-1 과학 5. 다양한 생물과 우리 생활
	청계천에 반려견이 출입한다고?	5-2 국어 6. 타당성을 생각하며 토론해요
	추후 공고는 어디 공고? 문해력이 심각해!	5-2 국어 8. 우리말 지킴이
	배우 차인표 소설, 옥스퍼드대 필독서 선정!	5-2 사회 2. 사회의 새로운 변화와 오늘날의 우리
	온난화로 인한 빙하 장례식	5-2 과학 2. 생물과 환경
	에베레스트가 쓰레기에 병들고 있어요	5-2 과학 2. 생물과 환경
	파리 올림픽엔 세 가지가 없다?	5-2 과학 2. 생물과 환경
	개구리도 사우나를 한다고?	5-2 과학 2. 생물과 환경
	이마미오 섬, 몽구스 박멸 성공!	5-2 과학 2. 생물과 환경
	아프리카, 극심한 가뭄에 코끼리, 하마 잡는다	5-2 과학 3. 날씨와 우리 생활
	최악의 여름! 자꾸 더워지는 지구	5-2 과학 3. 날씨와 우리 생활
	일본, 태풍 '산산'으로 막대한 피해	5-2 과학 3. 날씨와 우리 생활
6학년	음악 천재 모차르트의 미공개 새 곡 발표	6-1 국어 8. 인물의 삶을 찾아서

의대 정원을 둘러싼 정부 VS 의사의 갈등	6-1 사회 1. 우리나라의 정치 발전
양체 부모에겐 상속 못 해! 구하라 법 통과	6-1 사회 1. 우리나라의 정치 발전
높았던 금리, 이제 다시 낮춘대요	6-1 사회 2. 우리나라의 경제 발전
집 살 때 돈을 조금만 빌려줄게요	6-1 사회 2. 우리나라의 경제 발전
금값 사상 최고, 10배 오른 황금박쥐상	6-1 사회 2. 우리나라 경제 발전
관광으로 버는 돈보다 쓰는 돈이 더 많은 우리나라	6-1 사회 2. 우리나라의 경제 발전
글로벌 증시 폭락, 공포의 블랙 먼데이	6-1 사회 2. 우리나라의 경제 발전
부모님께 받은 돈에도 세금이 붙어요	6-1 사회 2. 우리나라의 경제 발전
세계 경제 규모 순위는? 경제 성장이 느려진 일본과 한국	6-1 사회 2. 우리나라의 경제 발전
연두색 번호판이 달린 차의 정체는?	6-1 사회 2. 우리나라의 경제 발전
최저임금 첫 '만 원' 돌파	6-1 사회 2. 우리나라의 경제 발전
GDP 대비 올림픽 순위, 한국은 몇 위일까?	6-1 사회 2. 우리나라의 경제 발전
지구와 비슷한 행성이 있다고요?	6-1 과학 2. 지구와 달의 운동
또다시 불붙은 우주 탐사 경쟁	6-1 과학 2. 지구와 달의 운동
청소년 SNS 제한, 여러분의 생각은?	6-2 국어 3. 타당한 근거로 글을 써요
서울대생을 지역별로 나누어 뽑는다면?	6-2 국어 3. 타당한 근거로 글을 써요
올림픽 메달 리스트 포상, 과도한 걸까?	6-2 국어 3. 타당한 근거로 글을 써요
생각을 글로 바꾸는 기술, 더 이상 꿈이 아니에요	6-2 국어 6. 정보와 표현 판단하기
빚이 너무 많아 유적까지 파는 이탈리아	6-2 사회 1. 세계 여러 나라의 자연과 문화
러시아에 파병된 북한군, 덩달아 불안한 대한민국	6-2 사회 2. 통일 한국의 미래와 지구촌의 평화
빙하 녹은 알프스, 국경도 옮겼다	6-2 사회 2. 통일 한국의 미래와 지구촌의 평화
기후 플레이션, 물가를 올려요	6-2 사회 2. 통일 한국의 미래와 지구촌의 평화
방귀 뀌는 가축에게 세금을 부과한다고요?	6-2 사회 2. 통일 한국의 미래와 지구촌의 평화
자꾸 날아오는 북한 오물 풍선	6-2 사회 2. 통일 한국의 미래와 지구촌의 평화
불날까 봐 무서워요, 줄어드는 전기차 판매	6-2 과학 1. 전기의 이용
바닷물로 전기를 만든다고?	6-2 과학 1. 전기의 이용